生产率丛书

环境及能源约束条件下生产率的测量及其应用

孙燕燕 著

上海市科技发展基金
上海高校青年教师培养资助计划
上海师范大学旅游学院人才队伍建设工程

科学出版社

北京

内 容 简 介

本书以生产率概念的拓展为主线,系统探索了环境约束下生产率的测量问题。首先从可持续发展的视角拓展了生产率的内涵,将生态环境、社会福利等因素涵盖到生产率构成因素中,提出了"全生产率"概念,并运用这一概念测量和评价了我国8个地区30个省份的全生产率现状. 微观领域的研究上,本书对上海市的行业能源生产率及其影响因素进行了分析,并运用Meta分析法对企业环境绩效与经济绩效的关系进行了研究,为企业履行环境保护责任提供理论支撑. 本书对生产率的测量提供了新的理论研究视角,在产业结构调整和企业环境保护管理方面也具有参考意义.

本书适用于经济管理类硕士生和博士生专业前沿课程的参考教材,也可为该领域的研究学者、政府管理者以及企业管理人员提供参考学习.

图书在版编目(CIP)数据

环境及能源约束条件下生产率的测量及其应用/孙燕燕著. —北京: 科学出版社, 2016.10

(生产率丛书)

ISBN 978-7-03-050129-5

Ⅰ. ①环… Ⅱ. ①孙… Ⅲ. ①劳动生产率-测量-研究 Ⅳ. ①F014.2

中国版本图书馆 CIP 数据核字 (2016) 第 237895 号

责任编辑: 王丽平 / 责任校对: 钟 洋
责任印制: 徐晓晨 / 封面设计: 陈 敬

科 学 出 版 社 出版
北京东黄城根北街 16 号
邮政编码: 100717
http://www.sciencep.com

北京东华虎彩印刷有限公司 印刷
科学出版社发行 各地新华书店经销
*
2016 年 10 月第 一 版 开本: 720×1000 1/16
2018 年 1 月第四次印刷 印张: 8 3/4
字数: 160 000

定价:58.00 元
(如有印装质量问题, 我社负责调换)

序

非常高兴孙燕燕的专著出版问世并归入到生产率丛书中. 生产率丛书已出版了两本, 第一本是刘源张院士的, 他的书名是《效率与效益 —— 中国工业生产率的问题》. 或许被国人熟知的是, 他在质量管理领域被誉为我国质量管理之父, 而且出版时可能并未想到有追随他的后来者, 所以他的这一专著封面上标的是 "质量管理丛书", 但实际上这是一本专门研究生产率的成果总结的书. 第二本是本人的研究成果, 书名是《知识工作生产率的层次结构理论及其应用》, 主要研究现代社会劳动的主体 —— 知识工作及其生产率规律. 因此孙燕燕的这本专著《环境及能源约束条件下生产率的测量及其应用》是第三本了.

生产率是人类经济和社会活动的一个永恒主题, 国内外研究文献已是浩如烟海. 但是, 随着现代经济和技术的日新月异, 生产率内涵亟需拓展. 在国内, 无论是学术研究, 还是官方文件都经常提到生产率问题, 然而面对现代社会的各种挑战, 如何使生产率能够涵盖各种新的因素, 现代经济背景下生产率的运行规律是什么, 这方面的深入研究则是寥若晨星. 而科学出版社的这套丛书就是总结这一领域的研究成果, 在这方面进行探索和尝试.

刘源张的专著的重要贡献是突破了生产率的传统概念, 赋予了它崭新的内涵. 例如他从生产率投入与产出之比这一基本定义出发, 辨析了生产力与生产率、效率和效益的区别, 厘清了这些概念在学术界的混淆和争论; 更重要的是他提出用**享受与牺牲**之比来反映生产率内涵中的福利因素, 显然福利是现代社会劳动生产率中不能忽视的因素, 这一概念的提出无疑丰富了生产率理论. 此外, 刘源张明确指出, "劳动生产率是个实际问题", 因而强调实证研究, 必须用实际数据说明生产率的现状和实际应用.

正是在刘源张这些思想的启示下, 该书对生产率进行了更为深入的探讨, 其主要特色表现为以下四点:

(1) 从可持续发展的视角, 讨论了经济、自然环境以及社会福利三个子系统的内在关系, 以这一基本理念为导向, 拓展了生产率的内涵, 将生态环境、福利等因素涵盖到生产率构成因素中, 提出了有别于全要素生产率的 **"全生产率"** 的概念, 与刘源张所提到的 "全生产率" 概念相比, 无疑更为丰富、更为具体和明确了.

(2) 以上述理论为基础提炼了相应的评价指标, 并应用计量经济方法对我国 8 个地区、30 个省份的全生产率增长现状进行了测量和评价, 该评价包括经济、环境、能源和福利因素, 得到的一系列成果, 对于我国经济转型和可持续发展具有一定的参考价值. 这些测量结果虽还有可进一步完善之处, 但至少是一项重要的创新尝试.

(3) 该书在比较已有的各种经济计量方法的基础上, 对方向性距离函数和 Malmquist-Luenberger 指数进行了理论上的解释, 并给出 Malmquist-Luenberger 指数和传统 Malmquist 指数之间的关系, 从而为计算我国区域的全生产率增长指数奠定方法论基础.

(4) 该书还在专门的一章运用 Meta 和 Probit 分析方法对企业环境和经济绩效之间的关系进行了剖析, 讨论了影响二者之间关系方向的客观因素, 所得到的成果能为提升企业生产率以及政策制定的后续研究提供参考意见.

总之, 该书对于深化生产率理论, 实现我国生产率的可持续增长具有重要的现实意义和理论价值, 在计量和评价生产率的方法工具上也有独到的运用, 是一本值得研读的学术著作.

孙燕燕是我的硕士生, 毕业后在咨询公司工作, 获得了实践经验, 若干年后又回到东华大学, 在我指导下攻读博士学位. 还应该提及的是她在攻读博士学位期间以生产率研究为选题获得了国家留学基金的资助, 到英国普利茅斯大学进行学术交流, 得到了国外导师 Sanzidur Rahman 的精心指点, 因此该书也应该有英国导师 Sanzidur Rahman 的心血.

在她漫长的学习生涯中, 给我留下深刻印象的是她对经济计量方法的娴熟运用以及极高的悟性. 此次她的专著作为生产率丛书中的一本, 祝愿她在生产率领域的探索中不断发现新的真知, 因为, 还是那句话, 生产率是人类经济社会活动的永恒主题, 是需要人们不断探索的大海.

戴昌钧

东华大学管理学院旭日楼

2016 年 4 月 6 日

前　　言

长期以来, 经济体在追求经济增长的过程中极少考虑生产行为对生态环境及社会福利可能带来的负面影响, 由此形成了拼资源、拼人力、高排放的先污染后治理的发展模式, 这不仅透支了生态环境资源, 而且也过度透支了人力资本. 在这一增长模式下, 我国经济取得了长足的发展, 在 2010 年已经超过日本成为世界上第二大经济体. 然而, 人们并未充分享受到经济增长带来的益处; 20 世纪 90 年代以后, 随着人口红利的逐渐消失, 资源短缺, 环境污染及养老、医疗、教育等社会福利问题日益突出, 能源、资源及环境的约束已然成为经济可持续发展的主要威胁. 经济增长、生态环境和社会福利如何均衡发展成为当代社会共同关注的重大课题. 当前中国发展面临的 "两难" 问题是既要保持一定的经济增长速度, 又要避免经济发展过程中的生态破坏及资源枯竭.

增长本身不是目的, 而是一种创造更好生活条件的手段, 单一的经济增长指标已经无法全面表征和衡量经济社会发展的真实状况, 一味地追求经济高速增长的发展模式极有可能使得社会经济发展陷入低效率的恶性循环中. 生产率反映了经济活动的效率和效益, 是治理经济生产活动的重要变量, 也是实现经济增长和福利改善的关键因素, 它考虑了投入和产出因素的双重作用, 并且其变化一直与经济的增长有着密切的联系, 因而得到了广泛应用. 但是, 传统的生产率理论以经济增长为核心, 并没有考虑到环境污染和日益增长的福利需求, 因而也不能准确地反映社会经济发展的真实状况.

针对上述提出的 "两难" 问题, 本书认为有必要花费一些时间来重新认识生产率的问题, 重新从生产率的角度来反思国家、地区及企业的发展模式, 为成功转变经济增长方式提供一个较好的路径. 鉴于此, 本书从生产过程出发, 寻找生产率背后的影响因素, 并以此为依据拓展生产率的概念, 使之能够更加符合当前时代的实际需要; 在环境及能源约束下, 本书从区域层面将生产率的概念进行拓展, 并且对上海市的行业能源效率进行分析, 在微观企业层面的研究上, 由于数据的缺乏, 本书仅对已有的关于企业环境绩效和经济绩效之间的关系实证研究进行梳理, 寻找影响二者之间关系的客观因素.

本书的研究成果和创新点主要有:

(1) 生产率的大小是由生产力诸要素在生产过程中的有效利用程度决定的. 生产过程是一个人类、自然与社会交互作用的动态过程, 一般来说, 生产过程包含了生产技术过程和社会经济过程, 这一过程与社会和经济的体制因素密切相关. 从 "以较小费用取得较大成果" 的经济性要求和生产率主体的主动性来说, 二者之间需要一个管理过程的介入. 通过这一管理过程, 实现人与社会及人与自然的共存. 从对生产过程的这一分解出发, 本研究将生产率的概念进行了拓展, 拓展后的生产率 (全生产率) 不仅包含经济层面的效率和效益, 更包含社会福利和生态环境等因素, 这使得生产率的概念更加符合社会发展实践.

(2) 作为一个规范性概念, 可持续发展是一个包含经济、环境、社会和制度目标在内的四个维度的动态优化过程, 实际上, 经济增长的规模和质量显著地影响着生物圈, 并且正在降低着其维持经济继续发展的能力; 以社会产能为基础, 本书认为可持续发展指的是自然资源通过经济体返回到大自然的熵物质流不能下降, 可持续发展的目标是平衡人与生态自然的关系, 而生态系统是一个承载能力有限的不能增长的母系统, 它包括社会福利、经济和环境三个子系统. 从实现人与生态持续发展的角度出发, 结合已有的研究, 本书对地区或企业生产过程中与生态环境和社会福利有关的投入产出因素进行详细分析, 并且给出具体的指标体系.

(3) 在生产率测量方法上, 本书首先对方向性距离函数和 Malmquist-Luenberger 指数进行理论上的解释, 并给出 Malmquist-Luenberger 指数和传统 Malmquist 指数之间的关系, 为计算我国地区的生产率增长指数奠定理论方法的基础. 我国分阶段逐步推行的改革开放政策对各地区的影响存在很大差异, 本书依照国务院发展研究中心最新公布的中国大陆 8 大社会经济区域为研究对象, 运用上述的理论方法和指标体系, 分别计算全国 30 个省份, 8 个社会经济区域的生产率变化及其分解因素的发展情况.

(4) 在能源效率与生产率的研究上, 本书运用 Färe-Primont 生产率指数计算上海市行业能源效率, 并对其影响因素进行分析.

(5) 最后, 由于我国企业层面环境/福利导向的生产率指标难以获取, 因此, 本书运用 Meta 分析对企业环境和经济绩效之间关系的实证文章进行 Probit 分析, 试图找出影响二者之间关系方向的因素, 为后续的研究及政策和统计指标的设定提供依据.

综上, 环境/福利绩效对经济的增长理应具有积极的促进作用, 本书提出的环境/福利导向的生产率及其测量更加符合中国的社会实践, 可以为国家、地区乃至企业的真实发展状况提供可靠的测量方法, 具有重要的现实指导意义.

鉴于生产率问题对当代社会的重大意义, 作者认为这一领域的研究必将重新成为国内外学者关注的热点, 希望本书对生产率测量方法的梳理能够为后续更深入的研究提供一些参考.

孙燕燕

2016 年 4 月 1 日

目　　录

图 目 录

表 目 录

第1章 绪 论

1.1 生产率问题的提出

随着经济的快速发展,传统经济发展模式的弊端越来越明显,地区或企业在促进经济增长的同时,也排放了过量的废水、废气以及固体废弃物,严重破坏了生态环境,这对人类的生产、生活和健康造成了不良的影响.当前,资源和环境的承载能力日趋恶化,生态环境和社会福利等问题备受关注,但是由于环境问题的外部性,地区或企业经济活动对环境造成的影响不仅不计算在产品和交易成本中,甚至只能获取环境保护投资的部分收益,这必然导致地区或企业不顾生态环境的承载能力盲目地追求经济增长,以及环境投资上的不足,进而使得自然资源的配置也不断远离帕累托最优的资源配置状态,不利于经济社会的持续发展.近年来,环境污染事故不断被披露,中国环境安全的未来不容乐观;伴随着资源和劳动力成本的上涨,与生态环境相关的法律法规及环保公约越来越严格,公民对环境质量和福利的要求也越来越高,地区或企业的发展面临着巨大的挑战.于是,高速增长的中国经济给全球资源和环境带来的影响,地区或企业是否应该进行环境投资,行业发展的能源效率以及环境绩效改进行为对经济绩效的影响等问题引起了学术界和企业界的共同关注,但是由于中国特有的环境压力和福利问题,没有任何现成的理论或模型可以使用,因此,这些问题也没有得到满意或一致的答复.

很显然,单一的经济增长指标已经无法全面表征和衡量经济社会发展的真实状况,一味地追求经济的高速增长极有可能陷入经济社会发展低效率的恶性循环中(林毅夫, 1994).在旧有的增长模式下,我国经济发展走的基本上是"先污染、后治理"的道路,这是一种拼资源、拼人力的高投入、高排放的粗放式发展,而且我国大多数产品和服务位于产业链的低端,这一发展模式不但透支了中国的环境和资源,而且也过度透支了中国的人力和资本.虽然从经济规模上来看,中国在 2010 年已经超过日本成为世界上第二大经济体,但是,人们并未真正享受到经济增长带来的益处.根据国际货币组织等国际数据,按照联合国一天一美元的收入标准,我国大约还有 1.5 亿贫困人口;在基本公共服务和公共产品上,我国的养老、医疗、教育等各方面水平都还比较低.当前,能源、资源及环境的约束构成了经济社会可持续发展的主要威胁,而且我国的人口红利正在逐渐消失,这就要求我们必须加快推进经济转型,以获得改革红利.基于对生态环境及社会福利的考虑,人们开始反思经济的快速增长及企业的盈利行为, 逐步认识到地区或企业在发展经济的同时必须要承担一定的社会责任, 协调好环境绩效和经济绩效之间的关系, 才能实现企业的长期生存和地区经济的可持续发展. 因而, 在避免 "增长陷阱"、实现可持续发展过程中亟需解决的一个理论与实际问题是如何有效地度量经济增长的成效.

传统的以经济增长为导向的测量方法没有包含能源和自然资源的消耗以及环境污染排放, 因而必然会夸大资源开采带来的好处 (Winter-Nelson, 1995), 不能提供什么该做, 什么不该做的信号; 而且在错误测量方法的指引下, 经济有可能陷入错误的增长路径, 如无限制的经济增长可能恶化自然环境、降低社会福利和生活水平等. 作为一个正在探索合适发展模式的转型经济体, 我国经济正在经历着由内部改革和外部环境变迁所带来的频繁经济波动, 经济增长出现了不同程度的放缓, 本书认为 "增长本身不是目的, 而是一种创造更好生活条件的手段"(OECD, 1973), 发展不仅仅是 "长期增长的问题"(Sen, 1999, 45), 我们需要客观地看待这种放缓, 不能只关注负面影响, 而忽视其对提高环境和福利整体水平的积极作用. 经济体应该采取措施把发展看作是对社会福利的改进和对生态环境的保护, 这一目的的实现需要一个更为全面地测量经济增长现状和寻找转型之路、实现可持续发展的可操作的方法.

生产率是经济活动的基本变量之一, 并且有可能是最重要的变量 (Harinder, et al., 2000), 其变化一直与经济的增长有密切的联系; C-D 生产函数理论被提出以后, 生产率广泛应用于经济系统的各个领域. 毋庸置疑, 一个国家使人们生活更美好的能力几乎完全依赖于提高工人的产出能力, 即提高生产率的能力. 如果地区或企业单纯追求经济的增长, 而不关注经济发展中的效率和生产率问题, 那么这种发展模式必然会走向 "灭亡". 显然, 生产率是非常重要的, 但是却并不是每个人都能明白这一点, 更甚至于, 要么忽略生产率, 要么认为生产率重要仅仅是因为我们需要更富有生产率以便在市场竞争中取胜. 不能充分认识什么是生产率, 就不能决定采用什么样的生产率提升措施, 因而必然会导致在实践中对生产率的漠视 (Tangen, 2002). 鉴于此, 本研究认为有必要花费一些时间来重新认识生产率的问题, 对生产率的概念进行拓展, 重新从生产率的角度来反思国家、地区及企业的发展模式, 为成功转变经济增长方式, 实现环境/福利绩效和经济绩效双赢提供一个较好的路径.

不可否认, 当前对环境和福利绩效的定义还不够深入, 其衡量的指标体系也不完整, 缺乏可比的衡量指标和普遍的解释力, 有的甚至难以量化. 本研究首先从马克思《资本论》中关于生产过程理论出发, 结合可持续发展的三个组成部分: 经济、生态环境和社会福利, 将与生态环境使用、环境污染排放、环境保护投资, 以及社会福利投入相关的因素纳入到生产率的考核体系中, 分别构建了环境和福利导向的生产率, 并将这两种生产率指数的综合归纳为全生产率①; 其次, 在对区域全生产

---

① 关于环境/福利导向的生产率和全生产率的概念详见第 2 章.

率进行估算和分析的基础上, 本书对上海市行业能源效率进行了估算, 以期客观正确地描述当前我国经济增长的现状, 探寻符合我国国情持续增长的转型之路.

1.2 研究意义

经济在高速增长过程中消耗了大量的能源和生态资源, 当前经济增长面临的资源瓶颈也越来越明显; 加上我国已经进入工业社会的后期阶段, 人口红利逐步消失, 劳动力成本上升, 这使得我国在国际上的竞争优势不再突出, 经济发展方式和结构转型迫在眉睫. 但是环境和福利绩效对经济增长的作用仍未有定论, 而且不同国家或企业转型的特点各不相同, 因此也没有成熟的理论和方法可以借鉴. 本书提出的环境/福利导向生产率 (全生产率) 的概念, 不仅包含了经济、环境和社会福利等相关的投入产出因素, 而且把产出分为理想产出和不良产出. 这一测量方法把环境投入和污染排放等因素纳入到生产率的测量体系之内, 这无疑可以为我国经济转型, 实现经济可持续发展提供新的理论研究思路.

在地区的研究上, 本书选取经济增长较快的上海作为研究对象, 对上海市行业能源效率进行估算, 并对行业能源效率差异的影响因素进行 Tobit 分析, 以期对上海市第二产业的发展进行梳理, 为其持续增长提供理论支持.

鉴于当前环境/福利绩效与经济绩效之间关系的研究起步较晚, 不仅在理论上有争议, 而且实证研究的结果也未有定论. 中国的环境年鉴始于 20 世纪 90 年代, 与环境相关的经济增长研究起步更晚, 而且由于我国特有的经济体制, 企业分为国有、集体、民营、合资等, 这使得国外的理论和成果在中国宏微观研究上的解释力和适应性不足, 因此相关研究也比较滞后. 本研究运用 Meta 分析法对已有的企业环境与经济绩效之间关系的中外文献进行了有序 Probit 分析, 可以对现有文献进行梳理, 在一定程度上弥补了这一研究领域的缺失, 并为指标的设计及后续研究提供了有益的启示.

总之, 本书的研究以正确衡量经济社会的发展现状为目标, 把能源消耗、环境和福利因素纳入到经济增长考核体系之内, 符合可持续发展的方向, 具有一定的学术价值和实践意义.

1.3 研究内容、方法和逻辑框架

1.3.1 研究内容

本书以生产率概念的拓展、生产率的测量及其应用为核心, 将生产率的概念拓展为环境/福利导向的生产率及二者的综合 —— 全生产率, 并运用 Malmquist-Luenberger 指数将这一概念的拓展用于我国地区生产率发展的衡量上. 在区域层面的研究中, 本书运用 Färe-Primont 生产率指数对上海市的行业能源效率进行了估算; 在微观企业层面的研究中, 本书运用 Meta 分析方法对已有的环境绩效与经济绩效之间关系的实证研究进行了梳理和研究, 力图寻找影响企业环境绩效对经济绩效的因素, 促进企业可操作指标体系的建立, 以促使尽快建立切实可行的企业层面的统计数据, 促使企业更好地利用拓展的生产率指标指导和改善其管理活动.

为此, 本书主要研究内容如下:

(1) 从马克思《资本论》对生产过程描述的基本理论出发, 结合可持续发展的三个组成部分 (经济、环境、社会福利) 对生产率的概念进行拓展, 将传统的生产率概念拓展为包含生态资源使用、环境保护支出等投入和环境污染等不良产出在内的环境导向的生产率, 以及包含居民收入、教育、医疗等投入和就业率、存活率等产出的福利导向的生产率, 同时将二者的结合归纳为全生产率, 以此作为后续研究的理论基础, 探讨我国经济增长、环境和社会福利现状.

(2) 基于方向性距离函数, 运用 Malmquist-Luenberger 指数将生产率分解为技术变化和效率变化, 并对中国 1997—2011 年的经济增长质量、8 个社会经济区域的发展现状进行分析.

(3) 根据 O'Donnell 的研究, 本书将生产率分解为技术投入效率、投入混合效率、残差投入规模效率、投入规模效率和残差混合效率 5 个部分, 并运用 Färe-Primont 生产率指数对上海市行业能源效率进行估算.

(4) 从文献发展来看, Malmquist-Luenberger 指数最早是用于企业生产率及发展研究的, 但是由于我国环境统计起步较晚, 企业领域的相关统计也非常滞后, 因此, 在企业领域的研究中, 本研究运用 Meta 分析方法对已有的文献进行梳理, 并使用有序 Probit 回归对影响环境和经济绩效之间关系的因素进行深入分析, 以促进企业更好地理解环境绩效对经济绩效的正向作用, 并促使其利用环境/福利导向的生产率 (全生产率) 指标来指导和改进经济和环境管理实践活动.

1.3.2　研究方法

为了实现上述研究内容, 达到预期研究目标, 本研究结合具体的研究内容采用了如下分析方法.

(1) 文献分析和综合法. 对生产率、经济转型与可持续发展的相关理论文献进行系统的搜集和整理, 了解其研究现状、最新进展及不足之处, 以此为基础, 形成本研究的研究内容.

(2) 理论研究方法. 从马克思资本论、生产过程的角度以及刘源张对生产率的认识深入分析生产率的概念, 将现有生产率的概念进行拓展, 从理论上探讨生产率的内涵, 并构建相应的理论框架.

(3) 实证研究法.

(i) Malmquist-Luenberger 指数分解法. 在对中国省域经济、环境、福利等相关统计数据搜集与整理的基础上, 利用方向性距离函数对环境/福利导向的生产率 (全生产率) 进行分解, 揭示影响生产率变动的因素.

(ii) Färe-Primont 生产率指数法. 搜集上海市第二产业产值、能源消耗等相关统计数据, 利用 O'Donnell 提出的生产率计算方法估算不同行业部门的能源效率, 并对其影响因素进行分析, 以期为上海市的经济结构调整及跨国企业的投资提供理论依据.

(iii) Meta 分析方法. 在企业层面的研究中, 由于没有相应的统计数据, 本研究运用医学上广泛使用的 Meta 分析法对企业领域内环境和经济绩效之间关系的研究进行搜集和整理, 并运用有序 Probit 模型进行回归, 分析导致二者之间关系研究结论不一致的影响因素.

1.3.3 研究思路和逻辑框架 (图 1-1)

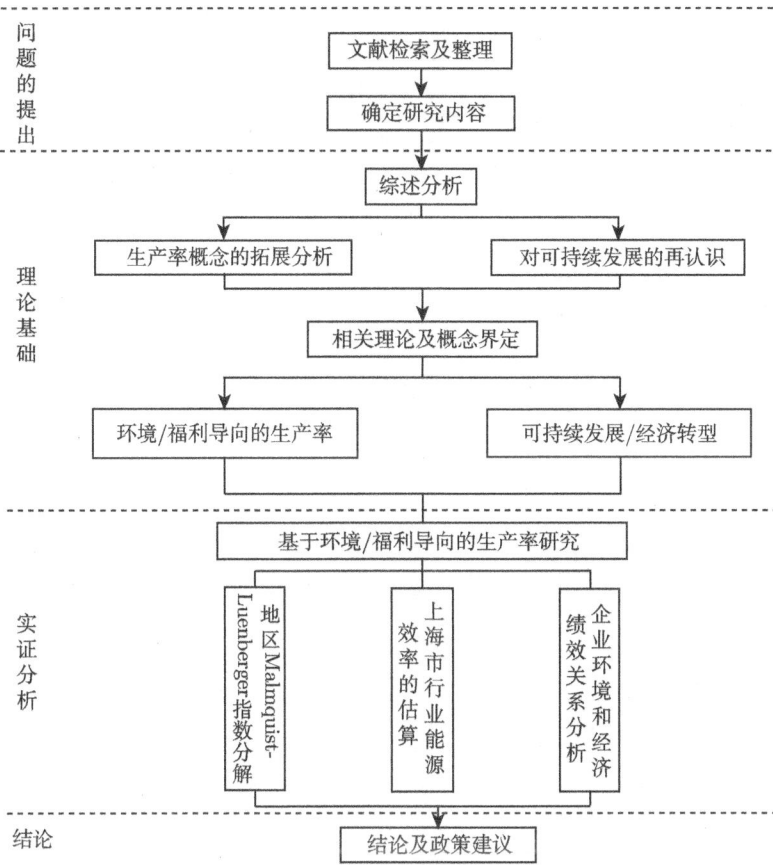

图 1-1 技术路线图

1.4 研究的创新点

本研究的创新点主要表现在以下四个方面:

(1) 本研究对整个生产过程进行重新认识, 提出了全生产率的概念. 从马克思资本论的角度出发, 本研究在生产技术过程和社会经济过程之间加入一个经营管理过程的介入, 并且以此为基础拓展生产率的概念, 打破了对全要素生产率的盲从. 拓展后的全生产率综合了环境污染排放和自然资源的使用及生产性能来估算环境导向的生产率, 并且创新性地把社会福利因素作为一种投入因素来计算福利导向的生产率, 最后将二者综合为一个更能够反映经济实际发展绩效的全生产率指标, 使得生产率这一概念更加符合经济发展的实际.

(2) 运用方向性距离函数, 考虑自然资源的约束, 本研究把产出划分为理想产出和不良产出, 从生态环境和社会福利的角度研究我国的经济增长现状. 方向性距离函数不仅与价格无关, 而且打破了传统距离函数把理想产出和不良产出同方向变动的局限, 仅仅从纯数量的角度来估计了多投入多产出生产情况下的生产率, 以获取经济发展的生态属性和福利特性, 这一测量方法更加符合社会实际.

(3) 在地区的研究上, 基于 O'Donnell 提出的生产率分解方法, 运用 Färe-Primont 生产率指数法对上海市行业能源效率进行估算, 以期为上海市的经济转型和结构调整提出建设性意见.

(4) 在企业层面的研究上, 本研究创新性地运用 Meta 分析法对企业环境和经济绩效之间关系的研究进行搜集和整理, 并运用有序 Probit 模型进行回归, 系统性地分析了导致二者之间关系不一致的原因, 为企业的环境行为/实践提供理论上的支持.

第2章 生产率概念的拓展研究

2.1 生产率的概念、内涵及测算

2.1.1 生产率的概念及其与经济增长的关系

1. 生产率的概念

Krugman (1997) 指出 "生产率不是万能的, 但是从长远来看它几乎又是无所不能的", 因为人类社会的进步首先表现为生产率的不断提高, 生产率是一个度量生产效率的指标, 是经济管理活动中的重要变量之一. 简单地说, 生产率是用来表示产出与投入比例的术语, 它描述了产出和为生产这种产出所需的投入之间的关系, 如果相同数量的投入生产了更多的产出, 则生产率就增长了. 从宏观角度来看, 生产率的增长可以提高生活水平, 因为更多的真实收入可以提高人们购买产品和服务的能力, 改善住房和教育, 并有助于生态环境和福利; 对于微观企业来说, 生产率的增长使得企业有能力保持或提高其市场竞争力, 满足其利益相关者的需求. 早在亚当·斯密时代, 古典经济学家就意识到了生产率的重要性, 从不同的角度研究了提高和改进生产率的问题; 1776 年魁奈率先提出了生产率概念; 19 世纪初, 泰勒研究了体力工人的劳动生产率问题, 开创了科学管理的先河; 到 20 世纪 20 年代, 生产函数理论的提出使得生产率对经济增长作用的定量研究成为可能, 此后, 生产率理论和实践的研究都得到了快速的发展. 已有文献中对生产率的不同理解归结如表 2-1 所示.

表 2-1 典型生产率含义的比较

来源	生产率定义
Chew (1988)	单位产出/单位投入
Sink 和 Tuttle (1989)	实际产出/期望使用的投入
Hill (1993)	度量商品或服务的产出与劳动、资本、原材料以及其他资源等投入之间的关系
Christopher 和 Thor (1993)	单位小时产出, 是决定人们生活水平的核心因素
Bernolak (1997)	一定资源产出的数量及质量
Kaplan 和 Cooper (1998)	生产单位的物质投入与其物质产出的比较
Al-Darrab (2000)	(产出/投入)× 质量或效率 × 利用系数

一直以来, 生产率被看作影响制造业竞争力和经济增长的重要因素, 经常被讨论和提及, 但其内涵却经常被误解和混淆, 不恰当的生产率定义会误导国家、地区或企业的发展决策和行动, 甚至采取与增进生产率相反的决策. 由表 2-1 可以清楚地看到, 国内外学者对生产率的定义各不相同, 直到现在, 这个词仍是混乱地被广泛使用, 因为不同的学者会从不同的角度或层面研究生产率问题, 所以生产率也被视为一个多维度的概念, 其含义随着使用环境的不同而不同 (Sumanth, 1984), 由此可见, 术语问题是生产率研究所遇到的首要难题. 尽管生产率概念上存在分歧, 其定义也是模糊和难以理解的, 但是关于生产率的内涵已经达成了一致意见, 生产率被模糊地定义为技术变革的效用和劳动的有效性 (Reuten, 2004), 这为准确地剖析生产率的内涵提供了一个相对可靠的理论参照系. 生产率是投入与产出的比率, 即所生产的产品和服务的总量/所耗费的资源总数, 其增长可以看作是产出增加和投入增加的残差 (Raa and Mohnen, 2002).

基于上述对生产率内涵的统一认识, 本研究以马克思的《资本论》为理论基础, 对生产率的内涵进行拓展, 把最基本的生产过程分解为生产技术过程、社会经济过程和经营管理过程三个部分, 其中, 经营管理过程是根据生态环境和社会福利现状对生产技术过程和社会经济过程进行的调整和干预, 即把生态环境因素、福利因素和社会资源配置效率等因素纳入到生产率的考核体系之内, 而不仅仅考虑市场价值的要素投入和产出. 综合已有文献的研究, 本研究将生产率定义为给定组织生产的产出 (产品或服务) 与该组织为生产这些产出所运用的投入 (生态资源、社会福利) 的数量之间的关系 (Sink, 1983), 同时, 将这一拓展后的生产率概念与可持续发展理论的三个组成部分 —— 经济、社会福利和生态环境相结合, 本研究对拓展后生产率概念的界定如下: ①包含生态资源使用、环境保护支出等投入和环境污染等不良产出在内的环境导向的生产率; ②包含居民收入、教育、医疗等投入和就业率、存活率等产出的福利导向的生产率; ③将二者相结合的全生产率, 并以此为理论基础, 重点分析我国的环境/福利导向的生产率及经济增长现状.

2. 生产率与增长的关系

生产率的增长同一个国家、地区经济的增长或企业效益的增加有着密切的关系, 地区或企业经济的增长需要要素投入的增加, 但是, 要素投入的增加并不必然导致经济的增长, 资源配置的效率、管理的方法及模式, 以及技术进步等都会影响到经济增长的速度及质量, 由于生产率同时包含了投入和产出因素, 所以其对经济的衡量能更加符合社会实际. 本研究认为生产率在经济发展中的作用可以用图 2-1 来表示, 首先经济增长目标有质量和效率之分, 而生产率的改进能够将二者有效的结合, 通过提高生产率, 在政府宏观调控及引导等外部因素的作用下, 可以把经济的增长目标与经济转型联系在一起, 从而实现经济的持续稳定发展.

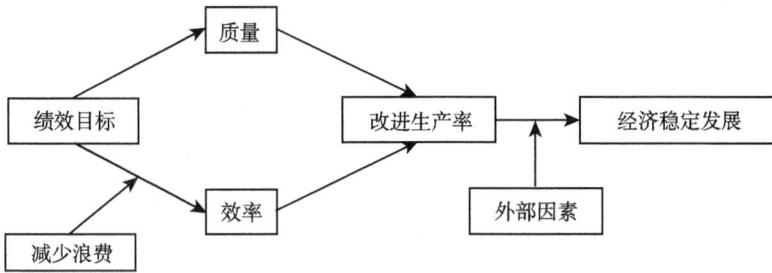

图 2-1 生产率在经济中的作用

生产率是人类经济活动的永恒主题, 是社会经济发展水平的一个基本标志. Denison (1962) 通过对美国经济增长因素的详细分析发现, 经济增长来自于生产要素的投入和生产率的提高, 其中, 要素投入量不仅指资本和劳动数量上的增加, 而且劳动投入的增加应该是工作小时数和劳动质量变动的总和 (Jorgenson and Griliches, 1967); Grossman (1993) 把生产率的改善视为一个企业竞争力的关键. 但是, 吴延瑞 (2008) 对 1992—2004 年中国地区数据的分析表明, 生产率的增长平均解释了中国经济增长的 27%, 远远低于日本的 50% 和德国的 58%. 这表明我国的经济增长仍旧主要是要素投入驱动的. 世界银行的报告也指出: 中国目前的生产率相比 20 年前虽然有了明显的提高, 但是与发达国家相比, 中国的生产率严重滞后, 尤其是劳动生产率只相当于美国的 1/12、日本的 1/11, 甚至不如印度, 二者这种差距由于其劳动力资源的丰富而被长期忽略. 而且我国的劳动投入大多来自工作小时数的增加, 在劳动密集型的生产方式下, 劳动者贡献的主要是他们充沛的体力和耐力, 其劳动具有明显的可替代性, 劳动者的技能和知识得不到积累, 也得不到传承. 在这种发展模式下, 我们虽然取得了卓越的经济增长率, 但是却没有与之相适应的卓越的生产率增长, 这种增长是资源投入的结果, 而不是效率的提升. 在人口红利逐渐消失, 以及劳动力总量下降的条件下, 以资本驱动的增长是不可持续的, 只有寻求一条以生产率为主要推动力的经济发展模式, 才能释放中国经济的潜力, 才可能在今后保持相对稳定和持续的经济增长.

2.1.2 生产率概念的发展历史

纵观生产率理论的发展进程, 我们可以清楚地看到人类对生产率的实践与研究是与不同经济发展阶段的需求相一致的, 是一个从关心劳动、资本等要素的投入到关心环境、人与社会可持续发展的不断探索的过程. 基于此, 本研究把生产率的发展历程分为三个阶段 (图 2-2).

(1) 首先是单要素生产率, 包括资本生产率和劳动生产率. 其中资本生产率是指一定时期内 (一年内) 单位资本存量创造的产出, 产出越多, 投资效率越高; 而劳动生产率是指劳动者在一定时期内创造的劳动成果与其相适应的劳动消耗量的比值, 具体可以表示为同一劳动在单位时间内生产某种产品的数量或用生产单位产品所耗费的劳动时间来表示, 单位时间内生产的产品数量越多, 生产单位产品所需要的劳动时间越少, 劳动生产率就越高. 国际上通用的是第二种表示方法, 但是由于我国统计口径的不一致, 我国主要采用第一种表示方法, 这不利于国际间的比较. 从对生产过程的分解可以清楚地看到, 生产率概念中最重要的是劳动生产率, 因为只有劳动才能创造价值, 因此, 付出这种劳动的劳动者才应该是生产率的主体, 物化劳动只是在生产过程中转移价值. 科学的发现、技术的发明、管理的科学化等对生产过程的影响无非作用在活劳动上, 或作用在物化劳动上, 或作用在双方上. 泰勒的科学管理也是从规范劳动者的动作开始的, 关注的是如何提高工人的劳动生产率. 因此, 在单要素生产率中, 对劳动生产率的研究也一直处于主导地位.

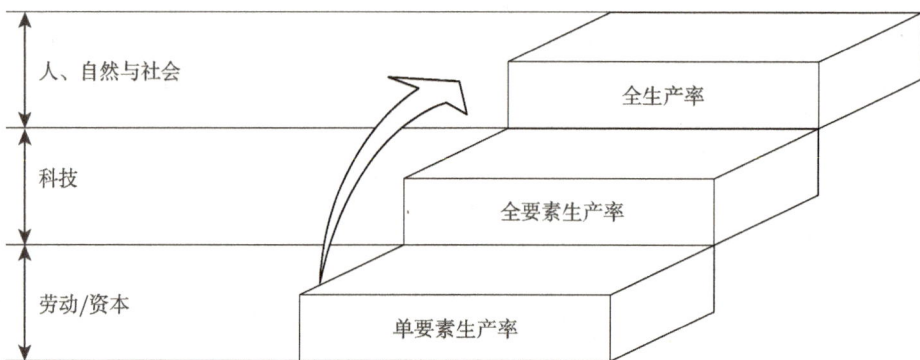

图 2-2   生产率发展历程图

劳动生产率是衡量一个国家经济和生产力发展水平的核心指标, 改革开放对我国劳动生产率的提高起到了很大的促进作用, 根据世界银行的报告, 中国 2011 年的劳动生产率是 1980 年的 8 倍; 但是这种过度使用廉价劳动力的经济增长模式忽视了劳动力生产技能和知识水平的培养, 导致经济虽然获得了表面的繁荣和发展, 却并未同步实现劳动生产率的提高. 在各种矛盾和问题集聚到一个临界点之后, 经济发展必然会遭遇难关, 出现增速放缓的局面, 因此需要对生产率的概念进行拓展, 以便更好地促进经济的发展.

(2) 第二次世界大战后, 随着经济及科技的发展, 技术等因素在生产过程中的作用越来越大, 西方发达国家经济及生产率持续增长已经无法用劳动和资本等投入要素的增长来解释, 以生产函数理论为基础, 以索洛为代表的经济学家发展了全要素生产率理论 (Solow, 1957). 全要素生产率测量的是 t 时期内 "所生产的产出与所运用的总投入之比率"(Del Gatto, et al., 2011), 其来源包括技术进步、规模效应、效率的改进等, 在计算上是指除去资本、劳动、土地等投入要素之后的余值. 全要素生产率并非所有要素的生产率, "全" 的意思是经济增长中不能分别归因于有关的有形生产要素的增长的那部分, 因而只是用来衡量除去所有有形生产要素以外的纯技术进步的生产率的增长.

由于全要素生产率能简单地将纷繁复杂的技术进步形态所导致的资源利用效率改善程度浓缩到一个简单的数字中, 实现对经济增长效率的高度抽象与概括, 使国际间经济增长效率的比较成为可能, 这一创新性研究在很长一段时期内得到了较快的发展, 并且很快成为生产率研究的主流. 迄今为止, 全要素生产率是分析经济增长源泉的重要工具, 也是政府制定长期可持续增长政策的重要依据. 首先, 估算全要素生产率有助于分析各种因素对经济增长的贡献, 识别经济增长的类型; 其次, 通过全要素生产率增长对经济增长的贡献与要素投入贡献的比较, 可以确定经济政策应以增加总需求为主还是应以调整经济结构、促进技术进步为主. 但是, 随着经济的发展, 全要素生产率概念变得过于狭窄, 很难对生产率进行一个全面的了解, 尤其是在 Krugman (1997) 提出 "东亚无奇迹" 之后, 这一问题更引起了国内学者的普遍关注. 而且以模型为基础的生产方程计算方法过于复杂而无法应用, 也不适合于企业及公司层面的研究, 因此, 亟须对生产率的概念进行拓展以继续发挥其在经济增长中的作用.

(3) 毫无疑问, 在生产率研究中无一例外地都关注投入与产出比, 但是当生产过程是多投入或多产出的时候, 这一简单的概念却很难执行 (Raa and Mohnen, 2002). 生产率的提高不是通过增加投入来实现的, 而是意味着投入要素使用效率的提高, 因此生产率与增长方式密切相关; 此外, 生产率的提高可以实现更大范围的福利改善, 因此也可以被看作是一个福利指数 (Nordhaus, 2001). 因此, 生产率变化的测量就显得尤为重要. 但是, 随着科技在经济发展过程中的广泛应用和采用, 生态环境等稀缺资源的不断消耗, 以及消费者环保主义的兴起, 传统的经济发展模式受到了越来越多的制约, 传统的生产率概念也越来越不能适应时代的要求, 这在客观上 "迫使" 人们不断寻求经济持续发展的方式、方法和途径. 在这一基本时代背景下, 生产率理论亟须丰富和拓展, 以便更好地引导经济的可持续发展. 考虑到生态环境及社会福利因素对经济增长的制约作用, 本研究认为生产率发展的下一个阶段必将更多地关注人、生态自然与社会的和谐发展, 尤其重视社会福利和生态环境保护, 本研究将其定义为全生产率[①], 这一概念是对传统生产率概念的拓展, 不仅关注效率和效益的改进, 而且是将生态环境投入及排放和社会福利支出作为一种投入因素, 将测量的重点放在了环境/福利导向的生产率上, 这一测量方法将会有助于突破当前经济增长的瓶颈, 能够引导经济的顺利转型, 实现经济社会的持续发展.

---

① 全生产率的概念及论述详见 2.3 节.

2.1.3　全要素生产率的测算理论及不足之处

生产率对经济增长作用的测量研究始于生产函数理论的提出, 生产率的早期研究主要是劳动生产率、资本生产率等单因素分析. 丁伯根 (1991) 突破了单要素的限制, 认为经济增长主要来自于投资和生产率, 但是这里的生产率仅仅包含了劳动和资本的投入, 而没有考虑研发支出、教育培训等无形投入; Solow (1957) 把技术进步纳入到生产函数, 将除了劳动和资本之外的其他因素引起的经济增长归结为全要素生产率. 全要素生产率更为全面地考虑了投入要素, 因而能较为真实客观地反映经济体的综合经济效益, 得到广泛的发展. 自引入全要素生产率概念之后, 国内关于产业、区域及宏观经济等全要素生产率的研究也有很多. 但是由于数据来源及处理方法, 以及测量方法的不同, 对于同类问题的研究往往会得到不同的结果. 经过长期的研究和发展, 全要素生产率的研究在分析方法上日趋精致. 从不同的角度来看, 全要素生产率的测量方法有不同的分类. ①根据是否需要具体的生产函数, Renuka 和 Kalirajan (1999) 将现有的测量方法分为参数和非参数方法, 前者需要明确的生产函数形式, 并对其进行估计, 后者则不需要; ② Coelli (2005) 把生产率的测量方法概括为计量经济法、指数法、数据包络分析法和随机边界法; ③全要素生产率测量方法还可以分为增长核算法、生产前沿面法和指数法. 这三种分类方法是相互联系的, 本研究以分类方法③为基础来总结生产率测量方法的发展, 并且给出三种分类的比较.

1. 增长核算法

增长核算法的理论基础是新古典经济增长理论, 是在索洛余值的基础上形成和发展起来的, 其基本思路是: 选择合适的生产函数形式 (C-D 生产函数、超越对数生产函数或 CES 生产函数等), 利用样本数据对该生产函数进行回归, 估算出具体参数, 得到具体的生产函数, 那么, 全要素生产率的增长就是产出增长率扣除各种投入要素贡献后的残差. 本研究以 C-D 生产函数为例来介绍增长核算法.

设生产函数为

$$y_t = A_t f(k_t, l_t) = A_t k_t^{\alpha} l_t^{\beta} \tag{2.1}$$

其中, t 为时间, A_t 为希克斯中性技术进步, y_t 为 t 时期的产出, k_t 为 t 时期的资本投入量, l_t 为 t 时期的劳动投入量, α 为资本产出弹性, β 为劳动产出弹性. 公式 (2.1) 两边取对数后对时间 t 求导数, 整理后可得

$$\frac{\dot{A}}{A_t} = \frac{\dot{y}_t}{y_t} - \alpha \frac{\dot{k}_t}{k_t} - \beta \frac{\dot{l}_t}{l_t} \tag{2.2}$$

由公式 (2.2) 可知, 全要素生产率增长率可以看作是产出增长率与资本和劳动投入增长率的差, 索洛认为这一变化是由技术进步引起的. 这一方法提供的测量技

术进步的方法简单易行, 因而得到广泛的运用. 但是这一方法的缺陷也非常明显, 如假定要素得到充分利用, 希克斯中性技术进步, 此外劳动力投入同质化假设也忽略了个体的差异; 而且这一测量方法过分强调技术的作用, 其实除了技术因素外, 经济增长还会受到市场机制的改进、自然环境变化以及劳动投入质量变化的影响, 因此这一传统的测量方法必然会高估技术进步的贡献. 乔根森 (2001) 在已有研究的基础上, 从数量和质量两个角度来测量投入要素的增长, 并运用超越对数生产函数测量部门和总量的全要素生产率.

2. 生产前沿面法

生产前沿面法认为并不是每一个生产单元都是处于生产前沿面上的, 这一前沿面是由全部投入或产出的最优点来构造的, 然后通过生产过程中的实际投入产出值与该最优值的比较来得出全要素生产率; 生产前沿法把经济增长分解为要素投入的增长、技术进步以及技术效率三部分 (Farrell, 1957), 陶洪和戴昌钧 (2007) 在生产率三重分解的基础上, 引入了人均资本的规模效率, 给出了生产率的四重分解模型. 从生产前沿面的角度来看, 技术进步是生产前沿面上的移动, 即在要素投入不变的情况下, 通过新技术的使用或技术的改进实现产出的增加, 这一过程直接表现为生产率的提高. 这一测量方法允许技术无效率的存在, 生产单元与前沿面的距离就是技术无效率的程度 (图 2-3).

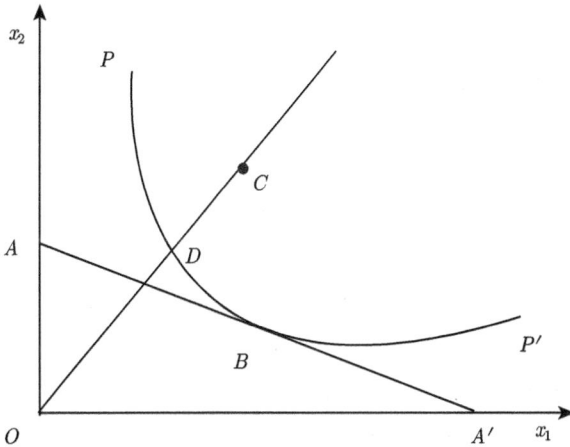

图 2-3 生产前沿面 —— 技术和配置效率

假设某生产单元的产出 y 是由两种投入 x_1 和 x_2 生产的, 在图 2-3 中, 生产单元在技术得到充分利用的情况下等产量曲线为 PP', 这一曲线也就是该生产单元的生产前沿面; C 点是生产单元的真实产出; DC 表示的是企业技术无效率的程度 (技术效率 $=OD/OC$), 那么, 生产前沿面就是所有技术效率为 1 的点的集合. 在 D

点, 生产单元具有完全技术效率, 但是在资源配置上却是无效的. 在图 2-3 中, 点 B 是预算约束 AA' 与生产可能性曲线 PP' 的切点, 在此处生产单元具有技术效率和资源配置效率. 最优的生产应该是从 D 点沿着生产可能性曲线向 B 点的移动. 根据前沿面构建方法的不同, 生产前沿面法又可以细分为随机前沿法 (Stochastic Frontier Analysis, SFA) 和数据包络分析法 (Data Envelopment Analysis, DEA) 两类. 其中 SFA 考虑了随机误差项对经济增长的影响, 因而对经济发展状况的模拟可能会更准确, 但是这一方法受具体生产函数选择的限制; 通过对决策单元投入产出指标综合分析评价, DEA 法通过线性规划的方法确定生产前沿面, 并且运用与前沿面的距离来表示各决策单元的效率. 这一方法不必依赖具体的生产函数, 但是其计算的效率得分仅仅是相对于样本内最好的厂商, 同时, DEA 要求各决策单元具有可比性, 因此必须慎重选择投入、产出指标.

DEA 的实证研究主要采用 Malmquist 指数来计算全要素生产率, 但是 M 指数仅仅包含了一种产出, 不能全面反映经济社会的发展现状; 当前这一测算方法正在逐渐被 Malmquist-Luenberger 指数所取代, 本研究将在第 4 章对这两个指数进行详细分析和比较.

3. 指数法

指数法是一种广泛使用的统计分析方法. 假设时期 t_1 的全要素生产率 $TFP_1 = Q_1/I_1$, 时期 t_2 的 $TFP_2 = Q_2/I_2$, 则从时期 t_1 到 t_2 的生产率变化可以表示为公式 (2.3). 由公式 (2.3) 可知, 生产率增长的测算可以转化为总产出和总投入增长的测算 (金剑, 2007). 常见的指数法有 Laspeyres 指数、Passche 指数、Fisher 指数、Divisia 指数、Tornqvist 指数等, 其中, 生产率测算中常用的主要是 Fisher 和 Tornqvist 指数. 由于指数法测算生产率需要投入产出要素的价格信息, 因此在很多领域的应用都受到了限制. 生产率的指数法测量不是本研究的重点, 因此不做赘述, 较为全面的分析请参考金剑 (2007).

$$TFP_{1,2} = \frac{TFP_2}{TFP_1} = \frac{Q_2}{I_2} \bigg/ \frac{Q_1}{I_1} = \frac{总产出指数_{1,2}}{总投入指数_{1,2}} \tag{2.3}$$

经过长期的研究和发展, 生产率的测算方法不计其数, 关于生产率测算方法的分类也有很多种, 本研究对这些测量方法的基本特性进行了简单的总结, 其结果如表 2-2 所示.

随着统计技术的发展, 生产率的测量越来越精致, 但却在概念的解释、度量的误差、现象的诊断上说法各异. 虽然这些测量方法在一定时期内对地区或企业的发展及测量起到了不可替代的作用, 但是这些测量更多的是从数学操作上的考虑出发, 缺乏对生产率的实质及社会意义的考虑. 尤其是在地区或企业经济发展中, 技

表 2-2 生产率测算方法的比较

分析方法 特性	全要素生产率指数	计量经济生产模型	随机前沿生产函数	数据包络分析
是否需要设定函数形式	否	是	是	否
需要数据类型	时间序列	时间序列	横截面数据和 面板数据	横截面数据和 面板数据
分析对象	总量	总量	决策单元	决策单元
可否处理多产 出生产过程	否	否	否	是

术的进步不能单独存在, 而是表现在劳动和资本的质的提升上. 除了体力之外, 在生产过程中, 劳动者的知识和干劲发挥的作用似乎更大, 技术进步主要体现在提高劳动者的知识和干劲上, 并相应的减少其体力负担, 以及提高作为固定资本的机器设备的性能上, 因此可以说与技术相关的生产率都包含在劳动生产率和资本生产率的提高上, 而且是无法分离的. 鉴于此, 文献中也断断续续出现了一系列新的生产率研究方法, 以相应的偏生产率为基础, Hannula (2002) 根据劳动、资本、原材料和能源等不同投入, 发展了适合于企业层面的简单的全生产率测量方法, 得到了四种偏生产率; Stainer (1997) 提出在所有使用资源的单位产出基础上对经济效益的全面衡量描述为全生产率 (Total Productivity), 并给出其测量方法, 如公式 (2.4) 所示. 其中, TP 是全生产率, O 是总产出, L 是劳动力投入, M 是原材料投入, C 是资本投入, E 是能源投入, Q 是其他投入. 尽管这两种新的生产率测量方法可以用于微观企业层面, 但是它却不能给出生产率改进一个综合的理解, 加上统计口径的不一致, 这些生产率的新概念也都没有得到广泛的应用.

$$TP = \frac{O}{L+M+C+E+Q} \tag{2.4}$$

2.2 生产率概念拓展的理论基础

生产率是国家和企业竞争优势的一个重要决定因素, 其正确测量可以对国家或企业的决策行动起到警示作用. 然而, 随着全球环境的持续恶化以及发展中国家的"中等收入陷阱"问题的出现, 传统的生产率测量 (投入产出比) 也受到了严重的挑战, 生产率的清晰定义也是实现经济可持续发展的重要的第一步 (Antti and Harri, 2012), 那么, 当前关于生产率测量的首要任务就是找到一个关于生产率的综合概念, 以及寻找一种切实可行的有效的生产率测量方法 (Hannula, 2002).

2.2.1 生产力与生产过程

生产力是社会发展水平评估的一个概念工具, 生产力与生产率是两个极易混淆的概念, 本研究认为生产力是生产率的基础来源, 因此, 首先从生产力的角度来重新认识生产过程.

生产力是一种不以人的意志为转移的社会的既得物质力量 (陈志良, 2002), 是人类征服和改造自然、满足社会需求的客观物质力量, 它是由劳动者、劳动对象、劳动资料三大实体性要素构成的. 生产力的改进是指通过更多的手段和途径的调整来使资源利用得更充分更有效率, 进而创造更丰富的财富, 这与生产率的提高是一致的. 生产力根植于生产过程, 离开了生产过程就不会有生产力, 生产过程中劳动力的潜能又受到生产力的影响 (Reuten, 2004). 生产过程是劳动过程和价值增值过程的统一, 劳动过程是制造使用价值的有目的的活动, 是价值形成过程, 其价值增值来源于劳动. 生产过程不是简单的再生产, 而是一个创造新价值的过程, 劳动是创造产品和财富的源泉, 由此可见, 人的劳动决定生产力, 人具备什么样的劳动能力素质, 社会就有什么样的生产力. 劳动者不仅对整个生产过程中的价值增加值负责, 而且仅接受增加值中的一小部分作为工资 (Foley, 2012). 在生产过程中, 通过生产资料使用价值的消费, 劳动制成产品, 生产资料丧失掉存在于旧的使用价值形态中的价值, 并将其转移到新形态的产品上. 很显然, 生产资料在劳动过程中附加到产品上的价值绝对不可能大于其进入生产过程时原有的价值量 (Marx, 1976); 但是劳动的消耗却不一样, 劳动者所具有的劳动力 —— 给定时期内工作的能力, 具有双重作用, 当劳动通过有目的的活动把生产资料价值转移到产品上并保存下来的时候, 其运动每时每刻都在形成新价值 (Marx, 1976), 这个新价值就是产品价值超过消耗掉的生产资料和劳动力的价值而形成的余额, 即剩余价值 (McLellan, 1980). 从这一分析中可以看出, 生产率概念中最重要的是劳动生产率, 因为只有劳动才能创造价值.

综上, 任一投入要素的生产率离开活劳动都是不存在的, 因此生产率在本质上可以看作是活劳动的生产率.

2.2.2 生产率的表示 —— 全劳动生产率 ①

根据对生产率内涵的统一认识, 生产率可以表示为

$$P = \frac{Y}{C + V} \tag{2.5}$$

其中, Y 是产出的价值量, C 是物化劳动的投入价值量, V 是活劳动的投入价值量, P 是生产率. 除了劳动之外, 经济系统内所有投入要素对生产过程的影响无非作用在活劳动上, 或作用在物化劳动上, 或作用在双方上, 提高生产率就是指节约这两种劳动或者其一. 也就是说, 生产过程中所有投入要素的大小均可由活劳动的投入

①本小节与下一小节的内容主要参照了刘源张 (1992) 的研究.

量来计算 (佟仁城和刘源张, 1993), 公式 (2.5) 中使用的投入全部都是从劳动的性质上定义的, 因此从这个意义上来说, 公式 (2.5) 中的 P 可以定义为全劳动生产率.

全劳动生产率不同于统计指标中的全员劳动生产率. 全员劳动生产率一般表示为

$$P_L = \frac{Y}{L} \tag{2.6}$$

其中, P_L 是全员劳动生产率, Y 是产出, L 是劳动力人数. 虽然公式 (2.5) 中的活劳动和 (2.6) 中的劳动力人数在数量上可能是同一个值, 但是二者的经济意义是不同的, 劳动力 L 虽然在形式上表示全员的劳动力, 但实质上是一种把所有要素的作用都包含在内的投入, 由此而来的全员劳动生产率只是全员的人均产出, 二者之间的关系可以表示为

$$P_L = \frac{Y}{L} = \frac{Y}{V} > \frac{Y}{C+V} = P \tag{2.7}$$

令 $l = \frac{Y}{V}$ 表示活劳动生产率, $r = \frac{C}{V}$ 表示资本的有机构成, $k = \frac{C}{Y}$ 和 $\frac{V}{Y}$ 分别表示单位产出的物化劳动消耗和活劳动消耗, 则公式 (2.5) 可以改写为

$$P = g(l,k) = \frac{Y}{C+V} = \frac{l}{1 + \frac{C/Y}{V/Y}} = \frac{l}{1+kl} \tag{2.8}$$

对公式 (2.8) 求全微分并整理可得

$$dg = -g^2 dk + \frac{1}{(1+kl)^2} dl = -g^2 dk + \frac{1}{(1+C/V)^2} dl \tag{2.9}$$

公式 (2.9) 中, 第一项表示物化劳动成本变动的效果, 第二项表示活劳动生产率变动的效果. 对于全劳动生产率很高的企业, 同节约活劳动相比, 节约物化劳动在提高企业效率上贡献度要大, 资本装备率 C/V 越大, 通过提高活劳动的熟练程度, 或者劳动强度以提高生产率的效果越小. 反之, 通过改进机器设备、提高机器设备的能力而提高全劳动生产率的重要性越大.

2.2.3 全劳动生产率的一般测算

劳动作用的发挥离不开生产过程中的资本投入, 资本在劳动创造价值的生产过程中发挥着不可忽视的重要作用, 资本是劳动的原材料, 劳动力和资本的交换创造价值. 通过劳动力与机器设备, 原材料和他人劳动的结合, 资本运动变成了一种生产过程. 资本的伟大历史使命就是提高社会生产力, 使之高于简单的生活资料再生产 (McLellan, 1980), 为了在市场经济中谋求更多的利益, 任何累积的剩余价值都会以资本的形式再投资到生产过程中, 以寻求进一步的积累 (Harvey, 1999).

众所周知, 投资在生产过程的资本可以分为两个部分: 一部分是不变资本, 即变为生产资料 —— 原材料、辅助材料和劳动资料的资本, 这部分资本在生产过程中不改变自己的价值量; 另一部分是可变资本, 即用来购买劳动力的资本, 这部分资本在生产过程中改变自己的价值, 再生产自身的等价物和一个超过这个等价物而形成的可以变化的, 可大可小的余额 —— 剩余价值. 因此, 生产过程的结果 —— 产品的经济价值可以分解为三个部分: ①花费在生产资料上的不变资本, C; ②用于购买劳动力的可变资本, V; ③来自于劳动力使用价值的剩余价值, M, 那么, 总产出的经济价值可以表示为公式 (2.10), 这种划分很简单、很传统, 但又很重要. 从马克思主义的观点来看, 作为财富的一般形式, 通过生生不息的运动, 资本驱动着劳动者超越其本质需要的限制, 并且生产出再发展所需的物质要素. 在创新和变革的经济中, 剩余价值不再像马克思及其理论所认为的那样, 是从工人那里剥夺来的, 恰恰相反, 它是 "工人就业和劳动收入的唯一来源" (彼得·德鲁克, 2006). 因为经济越往前发展就越需要有资本形成和生产力来维持经济系统创造财富的能力, 保住目前的发展并创造未来的发展.

$$Y = C + V + M \tag{2.10}$$

所以公式 (2.5) 所定义的全劳动生产率的价值形式可以表示为

$$pY' = C + V + M \tag{2.11}$$

其中 Y' 是实物产出量, p 是价格, 公式 (2.11) 表示产出的总价值等于劳动的总价值. 假定 $F = V + M$, $L_1 = \dfrac{C}{\varphi}$ 表示换算成活劳动的物化劳动量, $L_2 = \dfrac{F}{\varphi}$ 表示活劳动量, 那么, $T = L_1 + L_2$ 即为全劳动量, $\varphi = \dfrac{F}{L_2}$ 表示一单位活劳动的全价值, 基于此, 公式 (2.11) 可以改写成

$$pY' = \varphi \left(\frac{C}{\varphi} + \frac{F}{\varphi} \right) = \varphi \left(L_1 + L_2 \right) = \varphi T \tag{2.12}$$

公式 (2.12) 把所有的投入要素都换算成当期的活劳动价值, 即

$$\frac{Y'}{T} = \frac{\varphi}{p} \tag{2.13}$$

公式 (2.13) 的左边是实物型全劳动生产率, 虽然公式 (2.13) 在理论上清晰地表述了实物型劳动生产率, 但是这一等式在物化劳动消耗量的测算和产出可加性上存在问题. 此外, 虽然公式 (2.13) 右边的分子、分母可以用市场价格来表示, 理论上可以替代左边, 但是在 φ 的确定上也存在一些问题.

$$\varphi = \frac{V + M}{L_2} = \frac{V}{L_2} + \frac{M}{L_2} = \omega + m \tag{2.14}$$

由公式 (2.14) 可知, 一单位活劳动的全价值分为两部分: 一部分是满足生活的活劳动的报酬 ω, 即工资; 另一部分是给予社会的 m. 现有大多数生产率测量的研究都沿用西方的生产函数估计工资率 ω, 而且用 m 作为资本报酬率来测算生产率, 这在理论上存在一定的问题, 结果上可能也不准确. 因为由公式 (2.14) 可知, 如果用 ω 代替 φ, 全劳动生产率的计算值将偏低 m/p 这么多.

综上, 全劳动生产率很好地把生产过程中的各种投入因素结合在一起, 而且把活劳动和物化劳动通过生产过程关联在一起, 对同样的产出来说, 全劳动生产率比单要素生产率 (全员劳动生产率或资本生产率) 要小, 但是这一计算方法没有考虑投入和产出的质量问题. 当前我国工业企业内的工资水平与教育程度联系不是很大, 因此难以用工资水平表示的教育程度来衡量劳动投入的质量, 而且也很难准确表示地区或企业的产出质量率. 随着经济的快速发展, 生态环境和社会福利问题也被日益关注, 全劳动生产率的测量虽然更加符合社会实际, 但是没有得到与时俱进的发展, 因此在转变经济发展方式、改善社会福利、实现经济可持续发展的时代背景下, 生产率增长与社会福利、经济可持续发展的关系研究具有重要的现实意义.

2.3 生产率概念的拓展 —— 全生产率

当前针对我国生产率问题的研究成果已有很多, 这些研究侧重于我国生产率增长路径的演进、要素市场政策扭曲对全要素生产率的影响, 以及全要素生产率对经济增长的作用分析 (罗德明等, 2012; 张军和施少华, 2003), 邵军和徐康宁 (2011) 也探讨了经济波动过程中生产率变化的动态路径, 虽然有些研究也初步涉及经济增长质量的问题, 但是生态环境, 以及社会福利等因素却被完全忽略了. 生产率包含了极其丰富的内容, 根据时代的要求和价值观的不同, 生产率的概念也在变化着, 因而, 随着时代的发展, 如何认识生产率的本质以及如何看待生产率的运动也有了显著的变化. 早在 20 世纪 90 年代, 刘源张院士就认为经济的目的是增长并借此取得社会发展, 而增长和发展又不是无代价的, 否则这种增长和发展就徒有虚名; 刘源张院士打破了对全要素生产率概念的盲目崇拜, 开始考虑产品质量及福利等因素对生产率的作用 (刘源张, 1992, 2014), 这可以说是生产率研究的一大进步.

生产过程是生产力诸要素共同起作用的过程, 是一个人、自然与社会交互作用的动态过程, 因此, 生产率的大小也是由生产力诸要素在生产过程中的有效利用程度决定的. 这里的 "有效利用" 包含了三个层次的含义: 首先, 生产力诸要素只有在同时被使用时才能形成生产率, 任何投入要素都不能单独起作用. 尽管除了自然界自然提供的要素以外, 所有的要素都来源于劳动者的劳动创造, 但如果没有原材料和劳动资料, 劳动无法新增价值, 同样没有劳动, 原材料和劳动资料的价值也无法转移和保存. 其次, 生产率的大小并不完全取决于这些要素在质和量上的大小, 而是在更大程度上取决于这些要素在生产过程中起作用的大小; 最后, 各要素作用的大小受到生产过程中或经济系统内的各种力量和关系的影响. 以刘源张院士提出的效率、效益和经济性的统一关系为基础, 本研究尝试拓展生产率的概念, 以期能对可持续发展产生积极的引导作用.

生产率究竟应该是效率还是效益指标的争论由来已久, 通常来说, 生产率是生产效率的表示, 有些观点认为生产率是经济效益的综合表现, 是评价一切经济效益的最高标准, 但是一般认为经济效益与生产率在内涵上有联系, 也有区别. 讨论经济效益的研究者倾向于把生产率当作效益指标, 而讨论生产率的则把生产率理解为效率指标. 本研究认为这两种不同的认识不能单纯地看作是用语的混淆, 其中有必须要澄清的本质问题. 笔者认为, 拓展后的生产率概念既包括效率又包括效益, 而且效益又包含了经济效益、社会效益和环境效益三个方面.

作为相对关系的生产率可以表示为投入和产出之比, 如公式 (2.15). 按照公式 (2.15), 生产率应该是经济系统运行中使投入转换为产出的生产效率. 产出量增加或 (和) 投入量减少, 都能提高生产率. 经济系统的转换效率越高意味着这个经济系统的发展越快.

$$\text{生产率} = \frac{\text{产出量}}{\text{投入量}} \tag{2.15}$$

但是, 如果从生产率主体的立场出发, 公式 (2.15) 可以改写为公式 (2.16), 即生产率的本质是目的量与手段量之比, 目的量的增加或 (和) 手段量的减少, 均可以提高生产率. 不同的社会发展阶段具有不同的目的量, 用来实现目的量的手段量也必然涉及价值观的问题. 公式 (2.16) 生动地表达出生产率主体的主动性, 也正是从这个意义上, 生产率可以看作是达到经济目的的活动效率.

$$\text{生产率} = \frac{\text{目的量}}{\text{手段量}} \tag{2.16}$$

一般来说, 增长也好, 发展也好, 不能是无代价的, 所以说 "以较小的费用取得较大的成果" 的经济性要求就成为达到经济目的的一个条件. 否则增长和发展就是徒有虚名的. 这不仅是古典经济学和马克思主义经济学早就论证过的原理, 而且也是一些国家的经验所证明了的事实. 宏观经济和微观经济都有各自的经济目的, 联系这两个层次经济并达到整体经济目的的指标就是生产率 (刘源张, 1992). 如果把生产力、生产过程或经济系统统一起来考虑, 我们会得到一个更深入的认识. 生产过程包含了生产技术过程和社会经济过程. 一方面, 从生产技术过程看, 生产过程是人与自然之间发生技术关系的过程, 科学技术的采用和机械设备的使用可以提高劳动的生产率 (Marx, 1976), 人通过技术利用自然, 生产出有使用价值的产品. 在处理自然资源过程中, 人类在科技的帮助下试图最大限度地满足自己的需求, 最大限度地提高国民收入, 基于此, 经济增长已经成为所有国家的重中之重, 尤其是发展中国家. 但是仅仅依靠追求快速的生产率增长并不能解决所有的经济问题, 而且 "带来额外收入的额外生产一般会对环境产生额外的负担"(Hueting, 1996), 也就是说片面强调快速增长之后必然会导致大部分利益来自于破坏活动的贡献. 但是, 由于环境被排除在统计体系之外, 因而环境的损失也一直没有被考虑在生产率和国民经济核算体系的计算之内. 其实, 环境因素也在加快或限制经济增长和发展方面扮演着重要的角色 (Agarwal, et al., 2009). 在给定生产技术下, 环境和增长之间有着明显的冲突, 因为更多的环境保护意味着更少的经济增长, 飞速的经济扩张已经深刻地改变了生活和环境条件, 也给经济和社会的进一步发展提出了挑战, 因此, 我们应该考虑发展 "绿色经济"(Bimonte, 2009) 或运用环境质量和社会福利重新认识当前的发展. 另一方面, 从社会经济过程看, 生产过程又必然存在于某个经济系统之中, 因为生产的商品是人在社会关系中通过商品市场和货币循环所表现出的以价格表示的价值, 在这一过程中, 商品的形成和价值增值都有赖于市场的运营和货币的循环. 这样, 生产过程中生产费用的高低、社会经济过程是否顺畅, 就表示为以费用与成果比所表示的效益.

虽然生产技术过程本身与社会和经济的制度因素是无关的, 但效率和效益都是被动的客体, 从 "以较小费用取得较大成果" 的经济性要求和生产率主体的主动性来说, 二者之间需要一个经营管理过程的介入. 通过经营管理, 不但要在技术关系上实现较少的投入和较多的产出, 更要在市场关系中实现较少的费用与较多的成果, 实现人与社会及人与自然的共存, 实际上, 环境的保护、生态的平衡、公害的防止等最终都需要通过提高效率和效益来负担. 正常情况下, 社会生产活动首先促进经济增长, 然后推动社会发展, 最终提高国民福利或生活质量, 这样, 效率、效益和环境、福利的统一构成经济性, 也正是从这个角度来看, 可持续发展应该包括社会、生态和经济三个维度 (Hediger, 2000). 基于此, 从对生产率的认识应该逐渐从物转到人的基本认识出发, 本研究把生产过程作如下分解 (图 2-4). 从图中我们可以看出, 从更加注重人、自然和社会发展的角度, 以刘源张 (1992) 和戴昌钧 (2008) 的研究为基础, 拓展后的生产率内涵主要包含以下 4 个方面: ①实物度量的投入与产出之

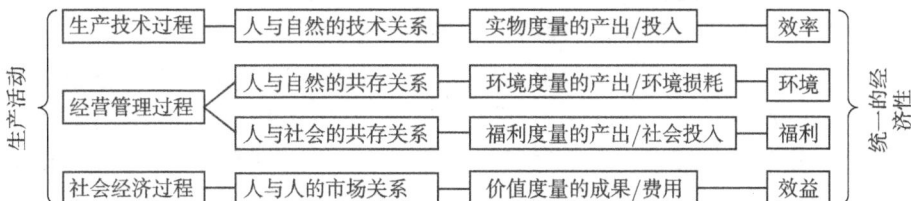

图 2-4 全生产率的概念框架

资料来源: 根据刘源张 (1992, 2014) 的研究修订

比, 反映人与自然的技术关系, 体现了经济系统的效率; ②价值度量的经济效果与
费用之比, 反映人与人的市场关系, 体现了经济系统的效益; ③福利度量的产出与
社会福利投入之比, 即享受社会公共设施及福利的程度, 反映人与社会的共存关
系[①]; ④产出与环境损耗之比, 反映人与自然的共存关系. 在本研究中, 将福利水平
作为生产的一种投入, 因为我们认为按照本研究对福利概念的界定, 福利水平的完
善在某种程度上说是政府或企业投资及个人投入的结果, 高的福利水平可以提升公
民的满意度, 在某种程度上可以更好地促进经济社会的发展. 以这一概念的拓展为
基础, 本研究形成了环境导向的生产率和福利导向的生产率两个概念, 生产率概念
的这一拓展不仅涉及经济可持续发展的问题, 同时也与人类所处的环境条件和享受
的福利密切相关, 即把投入和产出的质量联系在一起, 以便实现更好地利用有限生
态资源的目的 (Treasury, 2001).

效益与效率的统一就是经济性, 效益的来源或物质基础是效率, 而作为生产率
的效率如果不利于效益的形成, 也就失去了意义. 在具体的生产过程中, 投入和产出
都取决于生产技术, 技术水平的高低就表示为投入产出比的效率, 目前大多数关于
生产率的研究也是关于效率的. 但是, 根据这一定义改进生产率的有效途径就是提
供更多的投入, 因为更多的资本和更好的教育将会使劳动者更具有生产力. 按照这
一传统的提高生产率的方法, 我国经济在短期内取得了长足的发展, 但是从长期来
看, 却极有可能对生态环境及福利造成不利影响. 当前对生产率概念最大的混淆是
用生产率作为生产测量的同义词, 即生产的产品或服务的数量, 这容易使人们相信
增加生产就意味着增加生产率, 其实这未必是真实的. 如果说在改革的初期, 经济
增长所追求的是效率和效益的不断增长, 那么, 为了实现经济社会发展的可持续性,
当经济发展到一定水平之后, 环境和福利因素必须成为生产率及增长的主体. 生产
率的更高水平可以通过用正确的方法做正确的事情来加以确保 (Wysokińka, 2003),
作为一个相对的概念, 除非是进行投入产出的比较, 否则不能说生产率是增加或减
少. 本研究认为, 一方面, 生产率与资源的使用和可用性密切相关, 在短期内, 如果
资源不能被很好地利用或者资源缺乏, 生产率将会下降; 另一方面, 生产率与价值
创造密切相关, 因此, 当资源增加产品的附加值时就会实现较高的生产率 (Tangen,
2002); 此外, 为提高生产率还必须消除生产率的对立面 —— 浪费.

自发的生产率复兴可以解决中国面临的大多数紧迫的经济问题, 与缓慢的生产
率增长相比, 所有其他长期的经济问题 —— 市场竞争、技术落后、日益恶化的基
础设施等, 都是不重要的. 更确切地说, 这些问题之所以重要是它们在某种程度上
对生产率增长有影响 (Krugman, 1997). 本研究认为我国发展面临的两个核心问题

[①]在本研究中, 我们将福利水平作为生产的一种投入, 因为我们认为福利水平的完善在某种程度上说是
政府或企业投资及个人投入的结果, 高的福利水平可以提升公民的满意度, 在某种程度上可以更好地促进经
济社会的发展.

是: 经济社会真正发展到什么程度? 以及我们下一步该怎么做? 运用建立在生产过程分解基础上的拓展的生产率概念, 在后续研究中, 我们将结合对可持续发展的再分析, 建立环境和福利导向的生产率指标, 并进行相应的计算, 以期衡量真实的中国经济增长, 并尝试寻求实现可持续发展之路.

第 3 章　对可持续发展的系统性再认识

毫无疑问, 各国实现经济增长的战略非常成功, 然而经济增长的重要性似乎被夸大了, 20 世纪, 在前所未有的经济增长驱动下, 世界的整体产出增加超过 20 倍 (Krausmann, et al., 2009), 这一增长同时也伴随着相应的返回到环境中的废物的大规模增加. 经济的不断增长正在逐步侵占有限的生态系统, 产能增加所带来的枯竭、污染及对生态系统的消耗远远大于其带来的额外的生产收益, 生态限制正在快速地把 "经济增长" 转换成 "不经济增长"(Gimlin, et al., 2000). 有关中国和泰国的研究表明, 与经济增长相关的额外成本正在逐渐超过其带来的额外利益 (Lawn and Clarke, 2010), 更甚至于, 防御生态恶化的必要成本支出是被加入到经济增长中而不是减去的, 这种增长只会使我们越来越穷而不是越来越富. 随着世界经济的快速发展, 关于经济增长是否可持续的争论正在成为一个热点话题, 因此, 本章从对可持续发展的系统性认识出发, 对环境系统和福利系统进行了分析, 并用可以测量的指标对环境和福利系统进行表征, 以增强其在区域或企业发展中的指导作用.

3.1　可持续发展内涵的新认识

很长一段时间以来, 经济增长一直被认为对可持续发展至关重要, 因而, 寻求经济的增长就变成了一个非常重要的目标, 不管是发展中国家还是发达国家, 这使得当前经济理论倾向于把发展简单地定义为经济的增长 —— 一个把产能和效用变化的影响混为一谈的价值指数 (Daly, 1990). 在大多数人的意识中经济增长意味着财富的增加, 因此它是一个理想目标, 但是经济增长本身是一个矛盾体, 一方面, 经济增长对于满足物质需要是必不可少的, 通过生产、就业和收入的扩张, 经济增长意味着获得更多的物质产品和服务的机会, 因而它在解决贫困问题上表现出非凡的能力 (Sachs, 2005); 然而, 从另一方面来看, 经济增长也意味着资源使用和环境破坏的扩张, 就气候变化、生物多样性损失以及全球环境问题而言, 经济上大规模的增长已经超越了 "安全操作空间"(Rockstrom, et al., 2009). 全球变暖和资源枯竭的后果似乎是不好的, 而且会影响到当前和未来几代人的健康和福利. 实际上, 经济增长的规模和质量显著地影响着生物圈, 并且正在降低着其维持经济继续发展的能力.

一般说来, 增长 (Growth) 侧重于更多地产出, 而发展 (Development) 是一个多维度的过程, 更多地被定义为单位产能的更多效用. 增长只是其中的一个表面现象, 尽管增长有益于社会福利的提高, 然而, 其影响是随着时间的变化而变化的, 持续的增长对整个世界可能是收益递减的 (Bradshaw, 1996). 当前我们所追求的可持续发展不单纯是经济的发展, 而是生态、经济、社会诸方面的统一, 在这个统一体中, 生态可持续发展是基础, 经济可持续发展是主导, 社会可持续发展才是根本目的 (刘思华, 1997). 根据 Daly (2008) 的研究, 可持续性的概念有两个测量的维度: 一个是以效用为基础的, 新古典经济学家认为可持续发展是指每一代成员的平均效用不能降低. 但是, 一般来说, 效用是一种经历, 是不可测量、不能遗传或者遗赠给下一代的; 另一个是以社会总产能为基础的, 总产能概念用一些更容易跨代测量和转移的东西来定义可持续发展. 以社会产能为基础, 生态经济学家认为可持续发展应该是自然资源通过经济体返回到大自然的熵物质流不能下降, 确切地说就是自然资本要保持完好, 生态系统支持这些熵流的能力不能下降, 产能概念使我们认识到可持续发展并不意味着永远. 作为一个规范性的概念, 可持续发展是一个包含了经济、环境、社会和制度①目标在内的四个维度的动态优化过程 (Spangenberg, 2004; UNECOSOC, 2001); 从长远和未来不确定性的观点来看, 可持续发展的目标是平衡高速的经济增长与良好的生态环境的关系 (Baumgätner and Quaas, 2010), 不能以牺牲环境和福利来换取人们并不满意的增长.

不可否认, 生态系统为人类福利和经济增长提供了重要的支持, 改善了人类的生活质量, 经济社会的正常运转需要以生态系统的正常运转作为保证, 但生态系统的承载能力是有限的, 它是一个不会增长的系统 (图 3-1), 包括了社会福利、经济和环境三个子系统 (Clarke and Islam, 2005; Daly, 2008), 而经济只是这一较大的相互关联的生态系统的一个部分 (Clarke, 2004). 各国或企业所追求的经济增长的首

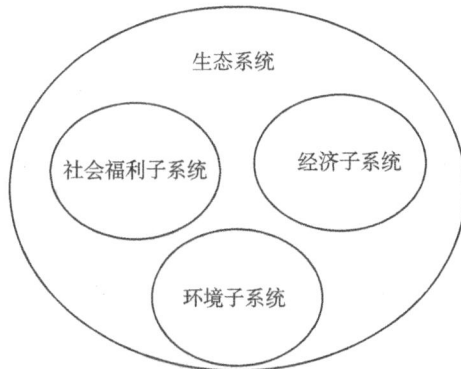

图 3-1 生态母系统

---

① 制度因素对于实现经济社会的持续发展有重要的作用, 但是这一维度太过复杂, 而且远远超出了本研究的研究范围, 因此本研究没有对这一维度进行讨论.

要目标是利用自然生态资源, 更好地满足人类需求, 这一目标必然会导致生态资源越来越难以支撑现有的经济增长; 这种破坏环境和福利子系统的增长必定是不经济的, 索洛 (2008) 指出 "持续的增长也会破坏环境", 并且建议使用持续增长的生产率来衡量经济增长 (Stoll, 2008), 这就意味着必须寻求在质量上不同于过去的增长 —— 更少的产出密集型和更多的环境和福利友好型增长, 于是, "稳态经济"(Daly, 1974)、"零增长"(Meadows, 1992) 甚至是 "抑制增长"[①](Kallis, 2011; Victor, 2010) 的概念正在逐步形成.

经济、社会和环境目标的鲜明对比使得关于真正发展的任何评价都是极其困难的, 经济–生态悖论与收入–幸福悖论的实质是生态问题, 背后潜伏着企业组织规模、产业结构、发展模式等原因 (陈惠雄和鲍海君, 2008), 这些问题相互联系, 成为影响地区和企业转变经济增长方式, 实现可持续发展的重要原因. 经济增长必须考虑生产能力、资源环境承载力和是否有利于国民幸福三个条件, 因此, 我们需要一系列新的指标来克服这些评价难题, 因为如果不能正确地解释经济增长的全面影响, 未来的政策有可能导致国家或企业进入一个不良的轨道, 这会使得未来的增长变得越来越困难和昂贵. 只有鼓励较少使用资源的部门或产业的发展, 减少进一步增长对环境的影响, 将增长局限在环境和资源的约束之内 (Victor, 2010), 才有可能实现经济社会的可持续发展. 接下来本研究将对可持续发展进行系统的分析, 并从环境子系统和福利子系统两个方面研究经济增长的局限性, 探讨经济稳定增长与环境质量和社会福利之间的关系, 并试图构建指标体系从投入产出的角度, 在生态支持系统内确保一个可持续的经济活动规模 (Arrow, et al., 1995).

3.2　可持续发展的系统分析

现如今, 可持续性已经跟我们所做的一切事情密切相关. 为了在市场经济中生存和发展, 国家或企业不仅需要迅速响应变化, 更需要从长远的观点来理解自然资源, 因为经济增长不可避免地会导致环境的退化和社会的解体 (赵景柱等, 1999), 经济如果要持续地发展下去, 就必须考虑持续的增长对自然资源和社会的依赖性. 由此, 各个国家、地区甚至各企业都提出了转变经济发展方式, 实现可持续发展的问题. 但是, "可持续发展" 的概念却并不明确, 人们对其认识也停留在定性的层面上 (刘求实和沈红, 1997). 可持续发展追求的是环境完整 (Environmental Integrity)、经济效率 (Economic Efficiency) 和公正秩序 (Equity)(WCED, 1987), 本章着重介绍环境和社会福利子系统对经济转型与可持续发展的作用与影响.

---

① 抑制增长就是在资源和环境约束内收缩经济发展, 把环境和社会福利问题与经济的大主题相联系, 以提高生活质量.

3.2.1 环境子系统

在社会发展的过程中, 人类以空前的速度获得了经济的发展, 但同时也造成了对自然环境资源的严重破坏. 伴随着可持续发展观念的深入以及人们对生存质量的不断关注, 环境已经成为一个颇受人们广泛关注的问题. 我国目前的环境状况不是非常乐观, 全国各地雾霾天气不断增多, 不可否认, 在未来的发展中, 环境的优劣必将成为竞争力的重要组成部分.

自然资源和环境的使用对经济的可持续发展至关重要, 它向人类提供了生产和消费所需要的自然资源. 然而, 能源消费、原材料投入以及可使用土地量的增长远远慢于经济的增长, 现有的经济增长速度和模式已经对自然资源和生态环境施加了破坏性的压力, 土地、水等自然资源和生态环境面临的承载能力也在日趋恶化, 环境对发展的约束也变得越来越明显 (Rockström, et al., 2009), 亟待解决的气候变化问题迫使我们反思短期快速经济增长政策的有效性问题. 在理论研究中也出现了很多关于生态环境对经济增长局限性的研究 (Niccolucci, et al., 2007).

实际上, 在现有文献研究中, 关于经济增长能否持续下去有两个截然相反的观点. 一些人认为经济必然会无限制的增长下去是因为: ①经济增长主要来自于第三产业的产值, 尤其是服务业, 而服务部门的初始投入是人类的智力, 这一投入在某种程度上来说是一种无限的资源 (Foley, 2012). 一些快速增长的服务产业, 如金融行业, 甚至可以在不增加投入的情况下不断地增加产出 (Basu and Foley, 2011; Foley, 2011). 严格来说, 本研究所讨论的生产是指有原材料和能源的投入实际生产, 现有产品和资产的转移不是生产, 而且也超出了本研究的研究范围. ②基于技术的不断改进和提高, 技术乐观主义者认为快速经济增长导致的大部分问题可以被技术进步所解决, 而且 "最可靠的改善环境的方法是增加财富"(Beckerman, 1992; Rothman, 1998). 他们认为长期来看增长并不会显著性地降低或消耗自然资源, 甚至是经济增长本身总归会改善环境质量, 对环境破坏问题的解决需要依靠经济增长本身, 因为较高的收入增加了清洁环境的支付能力 (Lomborg, 2001). 这一观点与环境库兹涅茨曲线 (Environmental Kuznets Curves, EKC) 相一致, 这一曲线是基于 1955 年库兹涅茨关于人均收入的差异在经济发展过程中呈现倒 U 型的假说而提出来的, 认为环境污染排放和经济增长 (人均收入) 之间也呈现为倒 U 型的关系, 如图 3-2 所示, 即经济增长初期一般会造成环境质量恶化, 但到达某一个临界区间之后, 经济增长会促进污染状况的改善. 根据这一观点, 环境污染排放是经济增长的副产品, 经济增长是达到环境可持续的主要方法, 而不是一种妨碍 (Beckerman, 1992). 尽管对环境破坏问题的解决还需依靠经济增长本身, 但是我们必须谨慎地看待环境库兹涅茨曲线, 首先, 研究表明经济增长最终会改善环境质量, 但是这一作用不是自发进行的, 而是通过政府响应政策来实现的 (陈华文和刘康兵, 2004a); 其次, 不同国

家或地区经历着不同的经济发展阶段, 其经济结构也各不相同, 因此, 环境质量和
经济增长间的关系也略有不同, 环境库兹涅茨曲线也是一个动态变化的过程, 随着
科学技术的发展, 以及环保意识的不断增强, 对环境质量的改进可能发生在比预期
的经济增长水平更低的状态下; 最后, 虽然经济增长跨越某一个临界区间之后, 可
能会自发地解决生态环境问题, 但是如果这种自发作用发生在生态环境恶化超过
某一临界值之后, 生态环境得以恢复有可能需要高昂的代价, 或者根本是不可能的.
因此不能一味地以环境库兹涅茨曲线作为环境污染排放的借口, 需要采取相应的措
施防止环境超越其生态临界值.

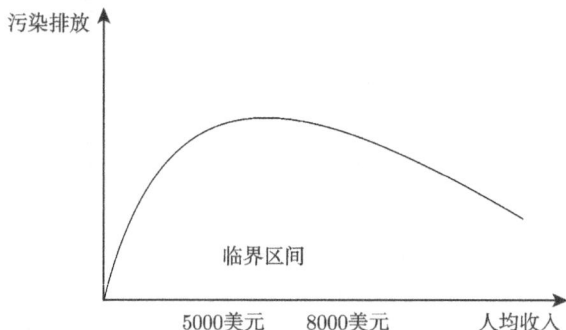

图 3-2　典型库兹涅茨曲线

资料来源: Dasgupta 等 (2002)

　　此外, 本研究认为通过经济增长来解决环境污染问题的观点与当前各国普遍采
取的 "先污染、后治理" 的政策是一致的, 由于环境问题的外部性特征, 加之各国环
境方面的法律法规还在进一步完善中, 如果仅靠地区或企业的自愿行为, 这种末端
治理必然会加剧环境的恶化. 如此一来, 以 EKC 为指导, 经济社会发展的长期趋
势必然如图 3-3 (a) 所示, 这一发展模式认为生产可以自由发展, 这会忽视转变经济
发展方式的需求, 导致严重的不均衡和无效率. Daly (2008) 也对这一假设提出了质
疑, 认为生产必然会受到资源的约束; 在增长的经济中, 快速的增长不是环境质量
改进的充分条件, 当经济增长达到足够高的标准时, 生态及环境设施就应该引起更
多的关注 (Arrow, et al., 1995). 关于 EKC 的实证研究也表明增长的确伴随了对环
境质量的需求, 但是环境质量改进的速度非常低, 每年只有 2%(Bimonte, 2009), 因
此, 试图通过一味地增长来获得良好的环境 (Beckerman, 1992) 是不切实际的, 快
速增长带来的环境改进不会自动发生. 在中国更是如此, 通过一系列的环境保护措
施, 在取得经济发展的同时, 我国环境质量恶化的速度有所减缓, 但是, 大多数污染
物的排放并不具有典型 EKC 的特征, 污染物的排放总量随着经济的增长仍在继续
增加 (赵细康等, 2005), 这表明我国目前的经济增长在生态上是不可持续的, 这一

现状必然会严重影响中国长期发展的国际竞争能力; 而且, 随着经济的增长, 人们用环境的舒适性来换取消费的意愿水平会下降 (陈华文和刘康兵, 2004b), 无约束的增长将会导致资源消费的永久增长以及随之而来的环境恶化 (Spangenberg, 2004), 长此以往, 人类和地球的绝迹是必然的物理定律, 解决这个问题的关键是找出经济稳定增长和环境质量之间的关系 (Panayotou, 2003), 在生态环境和资源约束下探索新的增长模式 —— 一种尊重地球生物物理边界的发展模式 (图 3-3(b)), 在这一发展模式下, 社会生态环境和社会福利逐渐取代经济增长成为人类关注的焦点, 人们的生活环境和水平不断得到改善, 幸福感明显增强.

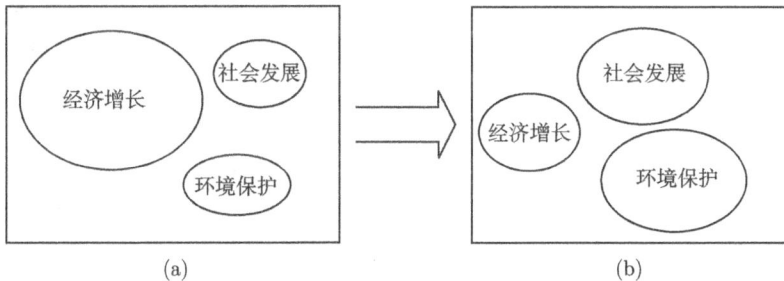

图 3-3 发展的趋势图

看似可持续性需要一个最低限度的经济增长, 但仅仅依靠经济增长是不够的, 我们生活在一个有生态限制的社会中, 进一步的发展要有更多的可再生能源和更好的社会服务来支撑, 环境的可持续性决定了发展的上临界点[1], 这一临界点决定了经济可以发展到何处以及如何发展, 因此, 我们需要政府的政策来平衡经济发展和生态环境保护之间的关系, 主动转变经济增长方式, 而不是把希望寄托在技术效率所带来的非物质化[2]奇迹上 (Daly, 1997), Lans Bovenberg 和 Smulders (1995) 探索了内生增长模型中环境质量和经济增长的关系, 认为政府的干预是确保自然资本最佳水平的有效工具; 虽然经济转型问题已经提出了很多年, 实际效果却远远不能达到其预期的目标, 激励措施和市场机制的缺乏已经引起了过度浪费和低效率, 为了平衡经济发展和环境保护的关系, 在追求经济快速增长过程中实现人与自然的和谐发展及生态-经济的可持续循环发展, "选择性增长"(Latouche, 2010) 或者可持续的 "抑制增长" 是必须的. 可持续的 "抑制生长" 是多方面的, 它可以被定义为社会可持续发展和公平的减少社会产出量 (Kallis, 2011), 即生产和消费中原材料和能源使用量的降低, "抑制增长" 并非注定会失败, 所以不应该被马上否定. 短期来看, 经济停滞和负增长率看似与经济增长相背离, 并且可能会引起社会动荡和 GDP 下

---

[1] 这一临界点也被 Hicks(1959), Pigou(1924) 和 Ng(2001) 假定过.

[2] 通过技术创新、体制改革和行为诱导, 在保障生产和消费质量的前提下, 减少社会生产和消费过程中物质资源投入量, 将不必要的物质消耗过程降到最低限度的现象.

降; 但是从长远来看, 总产出的降低并不必然意味着 GDP 的下降, 并且在任何情况下, 我们寻求的发展应该是更少的收入和更好的环境及福利的发展. 而且, "抑制增长" 假设在某些把环境和可持续问题与经济相联系的条件和政策下, 这种低增长能够转化为福利和环境条件的改善 (Martíez-Alier, 2012), 很明显, 这一目标在现有经济发展模式下很难实现, 因此现在的问题是通过国家或企业的政策措施, 使得这种可持续的 "抑制增长" 以社会和环境友好可持续的方式发生.

　　由于环境规制和监管的薄弱, 过去三十年的增长以实体经济规模和 GDP 水平的高度相关为特征 (van den Bergh, 2011). 受当前经济金融危机的影响, 各个地区及企业也出现了不同的经济增长放缓, 这被看作是生态限制增长的一个警告信号 (Kallis, et al., 2009), 同时也是通过经济转型和制度改革实现经济可持续发展的大好时机 (Martíez-Alier, et al., 2010; Schneider, et al., 2010). 但是这一观点很难被接受, 因为过去无论是政府还是企业都很少关注环境因素和福利政策, 更何况在危机时期. 自然资源、环境与经济增长的联合必然会从总量上削弱经济增长 (Victor, 2011), 或者至少在转型的初始阶段; 经济进一步增长的愿望 (希求) 必然也会受到挑战, 因为严格的气候政策可能阻碍经济的增长, 短期内在较小程度上影响到社会福利. 但是从长远来看却未必, 总产出的降低并不必然导致经济增长的下降, 并且在任何情况下, 我们寻求的发展应该是在安全的环境规制中的发展, Goetz 等 (1996) 的研究表明 1982—1991 年拥有良好环境条件的州经历了快速的经济增长. 经济负增长可以看作是低生产率的结果, 即更多的投入、更多的自然资源、能源、环境污染和更少产出的比较, 这种状态虽然不利于降低环境压力, 却也为试图转化为更少的资源使用和更多的污染提供了良好的时机 (Alcott, 2008).

　　近年来, 随着环境问题的不断恶化, 环保意识的不断增强, 衡量环境现状的指标也层出不穷, 其中生态足迹 (Ecological Footprint, EF) 是一种测算人类对自然利用程度的有效工具, 通过将区域的资源和能源消费转化为提供这种物质流所必需的各种生物生产土地的面积 (生态足迹), 并同区域能提供的生物生产土地面积 (生态承载力) 进行比较 (徐中民等, 2003), 定量判断一个区域的发展是否处于生态承载力的范围内. 生态足迹是用来衡量人类对地球生态和自然资源需求的一种分析方法, 将人类对自然资源的消耗与地球生态涵容能力进行比较, 生态赤字表明了区域对自然资源的利用程度超过了区域现有自然资源的供给程度, 其本质则是人口、资源、技术、消费等要素构成的生态系统平衡的打破 (刘宇辉和彭希哲, 2004). 这一分析方法能够对可持续性程度作出客观的度量和比较, 明确距离可持续性目标还有多远; 但是, 生态足迹方法是一种基于现状的静态数据分析方法, 所得结论具有瞬时性, 其计算结果不能反映未来的发展趋势, 因此, 其结果也不能反映人类活动的方式、管理水平的提高和技术的进步等因素的未来影响; 此外, 环境库兹涅茨曲线的实证研究运用不同的指标体系测量了环境问题, 如森林面积的变化、河流中的溶解氧和固体颗粒以及人均碳排放等 (Cole, et al., 1997; Kahn, 1998; Komen, et al., 1997; Shafik, 1994; Unruh and Moomaw, 1998; Vincent, et al., 1997); 欧洲环境署 2012 环境指标报告在绿色经济环境下从六个主题来评估环境质量问题 (EEA, 2012); 现有实证研究中关于环境绩效的指标也不统一, 包含了不同的方面, 不仅有定性和定量之分, 有的研究还为各子指标提供了不同的权重, 但是这些指标的不一致对研究结果也产生了不同的影响. 所有这些指标都是综合可实用的, 并且为环境绩效的测量提供了良好的工具. 但是, 与其他经济指标不同的是, 本研究希望将环境投入和环境的污染产出纳入到生产过程和生产率的分析框架中, 从投入产出的角度分析生态环境因素对经济的削减作用. 环境导向的生产率反映的是得到的产出所需付出的环境代价, 即强调的是总产出[①]和环境成本的关系, 因为只有当资源生产率的增长率超过经济增长率, 经济发展才是环境可持续的. 以现有的指标体系以及数据的可获取性为基础, 本研究建立了一个更为全面的指标体系来计算环境导向的生产率 (表 3-1).

表 3-1　环境导向的生产率指标

指标	子指标
投入因素	环境污染治理投资
	电力消费量
	能源消费总量
产出因素	工业废水排放总量
	工业废水中化学需氧量
	工业废气排放总量
	工业 SO_2 排放总量
	工业烟 (粉) 尘排放总量
	工业固体废物排放总量

3.2.2　福利子系统

社会的可持续发展是经济发展可持续性的根本目的, 经济发展的主要目的就是保持资本形成和生产率, 以便实现快速的技术变革, 保证就业, 因此, 社会福利的增长也始终是经济发展所关注的核心. 持续的经济增长是消除贫困, 促进社会福利增加的根本性措施, 但是, 当前国家或企业力图维持的所谓的可持续发展只是低水平的重复增长, 随着时间的推移, 这种发展只会不断降低经济增长的速度, 其最终结果就是无法实现人类福利的最大化. 可持续发展应该均衡当前福利和未来潜在增长的关系 (Asheim, 2011), 从福利的角度来看, 可持续发展是指考虑了资源与环境约束之后, 人均福利水平随时间推移不断增长或至少不下降的发展路径. 然而, 这

①在本研究中, 总产出不仅是 GDP 产出, 还包含了环境污染产出.

种以社会人均福利水平不断增长的发展却未必是经济最优的发展战略 (彭水军和包群, 2006), 因为社会福利的增加可能会破坏经济的增长, 这就产生了福利与持续增长能否相容的问题. 虽然 Tang (1997) 的研究并没有发现经济增长和社会福利的不相容 (或反比关系), 但是权衡经济表现和社会支出之间的关系是必须的, 因为经济健康发展离不开国家社会福利的改善, 而且社会福利的改善又可以刺激经济的扩张 (Hicks and Streeten, 1979). 鉴于此, 本节对本研究中所使用的社会福利的内涵进行界定, 并讨论其与经济增长的关系, 尝试给出形成福利导向的生产率的指标体系.

1. 社会福利的内涵及其实现途径

经济增长与社会福利间的关系在很大程度上取决于什么是社会福利 (Kenny, 2005), 福利仅仅涉及基本的需求, 而不是无关紧要的欲望, 但它不能表示为一个明确的目标及相关的度量标准, 所以没有一个明确的定义. 福利与物质利益相关, 但福利不仅仅是经济增长的函数, 除此之外, 它还包含了很多其他问题 (Clarke and Islam, 2005). 从一般抽象的意义来说, 社会福利就是能使人们生活幸福的各种条件, 不仅包括生活、教育、医疗等方面的福利待遇, 还包含了交通、文化娱乐以及体育等方面的待遇, 对个体来说, 社会福利当然是越多越好, 但是学者们普遍认为社会福利的增长要有个限度 (Daly, 2007). 在本研究中, 社会福利被定义为国家、地区或企业为了保障和维护社会成员的生活质量, 满足其物质和精神的基本需要而采取的社会保障政策以及所提供的设施和相应的服务. 其实, 社会福利好坏的判断是因人而异的 (Vemuri and Costanza, 2006), 因为福利涉及人们的主观感受和实际的生活状态, 虽然这种主观感受对于社会福利政策的评价非常重要, 但是这种主观福利与本研究的主题无关, 因此主观福利也被排除在本研究的范畴之外.

经济增长不可能增加每个人的相对收入, 但是按照上述对社会福利的定义, 经济增长对社会福利具有积极的贡献, 即较高的国民收入水平能够带来更好的社会福利. 以 "大多数人会从经济增长中受益" 的观点 (Firebaugh and Beck, 1994) 为基础, 社会政策和政府支出一直被看作是提供社会福利和满足社会需求的手段. 的确, 以提高社会福利为目的的社会支出是一种社会公共支出, 但合理范围内的公共支出是不会削弱经济增长的, 而是对个体利益和社会整体有积极的促进作用 (Harbison, 1973; Psacharopoulos and Hinchliffe, 1973); 相反, 对社会福利投入的限制可能会导致社会不满, 阻碍经济的增长. 社会福利被看作是一种国家治理和调整社会关系的手段, 其发展趋势经历了从消极救治到积极预防的发展历程, 然而, 究竟什么程度的社会福利才会有助于经济社会的持续发展却没有统一的标准和可以参照的定论. 当前世界范围内存在两种极端的社会福利, 在发展中国家, 福利水平非常低, 社会福利是作为促进经济增长的重要手段建立起来的 (Kwon, 2009), 其主要目的是以消极救治为主, 随着时间的推移, 这必然会拖累经济的持续增长; 而发达国家则正好相反, 政府越来越多地把收入从把它积蓄起来成为未来资本的人手中, 转移到消费它的人手中, 从而使得这些国家的福利水平极高, 以至于公民丧失了寻求工作的动力, 而选择依靠政府的救济生活, 社会福利的这种无限制扩张必然会消耗经济的生产能力 (Midgley and Tang, 2001), 尤其是当社会政策不恰当、设计不合理以及不能满足社会目标的时候, 这不仅会浪费稀缺的资源, 而且会降低经济的增长. 可见, 社会福利的实现途径及目标是因国家和地区而异的.

2. 福利与国内生产总值的关系

在给定国家或地区的特定时期内, 福利和收入之间有很强的关系 (Frey and Stutzer, 2002; Kenny, 2005). 没有国民收入的增长, 社会福利不可能得到提高, 公民可达到的社会福利水平是受国民收入限制的, 经济的增长可以带来收入的增加, 结果是消费和效用的增加, 并最终使我们的生活更加愉悦 (Mahadea, 2008); 同样, 不能带来显著社会福利改善的经济增长也是毫无意义的. 于是, 经济增长逐渐成为了社会福利最密切的替代指标, 以经济增长必然会自动带来并确保人类福利的假设为前提, 经济增长对社会福利的重要性被广泛地讨论着 (Olson, 1974; Zolôtas, 1981), 对增长的盲目崇拜已经根植于社会发展的宏微观层面 (Hamilton, 2004).

自 Kuznets 等 (1941) 提出用以市场价格计算的国民收入 (产品和服务) 作为国民生产的综合性指标的测量方法以来, 用统一的工具描述不同时间、不同地点发生的经济活动成为可能, 人均 GDP 也被认为是测量经济增长、财富和社会福利的精确指标 (Lomborg, 2001; Sen, 1976). 一般来说, GDP 提供的信息表明了经济活动的绩效, 可以把一切变化都浓缩到一个数字中, 这使得国际和地区间的比较在统计上更加容易. 但是, 人均 GDP 不是为了用来衡量社会福利而设计的 (Kuznets, 1968), 因而也不可能是社会福利的稳健的、可靠的替代指标. 后来 Pigou (1924) 也指出社会福利不仅仅是以 GDP 测量的经济活动的加总, 但由于没有一个更为恰当的测量方法, 人均 GDP 仍旧被广泛地认为是评判现代经济和社会福利的主要指标, 并且被广泛用作不同国家生活质量的近似值, 尤其是第二次世界大战以后, GDP 及其派生指标被大多数政策制定者奉为神圣的指标 (Gross, 1974), 对快速经济增长的批判 (Daly and Cobb, 1989; Martíez-Alier, 2012; Victor, 2012) 也没有赢得广泛接受和支持, 尤其是在发展中国家.

毫无疑问, 按照人均 GDP, 世界经济和生活水平已经向前发展了很多, 但是仅仅致力于经济增长会导致对社会福利前进与否这一问题的狭窄短视的看法 (Decancq and Lugo, 2012), 以人均国民收入测量的增长为导向的发展可能会带来一个更低的发展水平. 一个国家的福利很难从其国民收入中得到推断, 福利和经济增长的微弱关系经常受到质疑 (Sacks, et al., 2010). 不可否认, 经济增长对社会福利有着显著的影响, 但也有学者认为福利改进几乎独立于国民收入的增长, 因为经济增长不仅仅与在某种程度上改进社会福利的微妙力量有关, 而且会在其他方面减损福利; 例如, 研究发现 GDP 增长的同时也伴随着环境污染、犯罪等现象 (王志平, 2007); 而且实证分析发现, 经济增长对社会福利的积极效应会随着时间的推移而减少 (Brady, et al., 2007). 随着时间的推移, 经济增长在改善社会福利方面变得越来越无效率, 且已经开始降低了福利的可持续性 (Lawn and Clarke, 2008), 负面指标如环境污染的增加、增长的社会成本等不利于经济增长、社会福利作用发挥的因素越来越明显. 此外, 仅仅专注于经济的增长还会导致政策制定者和公民之间的冲突, 因为出于提高政绩的考虑, 前者致力于追求经济增长的最大化, 而后者更多的是希望增加社会福利、减少污染等, 这会在一定程度上降低经济的增长 (Stiglitz, 2009).

最近的研究也表明 GDP 和真实福利之间具有不一致性, 福利的测量不能依赖于 GDP 指标, 因为 GDP 并没有区分增加或减少福利的经济活动, 忽略了家庭和社区、自然环境等非市场交易活动的贡献 (王玉振, 2012), 所以以经济增长作为社会福利的衡量指标经常会夸大一国公民所享受的社会福利. 鉴于此, 理论研究中出现了很多对 GDP 指标的改进, 以期这一指标能更好地反映经济增长和社会福利的现状.

3. 对 GDP 指标的改进

GDP 指标不仅是低劣的社会福利测量指标, 甚至不能正确地反映市场活动 (Stiglitz, 2009), 越来越多的学者认为, 仅仅用 GDP 指标作为社会福利或进步的测量指标必然会带来一系列的问题 (van den Bergh, 2009). Dasgupta 等 (2002) 的研究表明, 1970—1993 年在大多数贫困国家, 尽管人均 GDP 有了很大的提高, 但是人均财富是下降的; Layard (2006) 认为在大多数富裕国家, 1950—1970 年社会平均福利的增长也处于停滞或下降状态; 更甚至, 有的学者认为强调把 GDP 增长作为福利的测量是有深层次的缺陷的 (Denison, 1971), 无限制的经济增长是对社会福利的约束, 因为这一目标可能会导致经济社会的扭曲发展, 并最终导致 "新自由主义增长"(Fournier, 2008).

经济增长的目标不仅仅要提高国民的生活水平, 而且更要注重对人类的生存和发展环境进行思考和衡量. 20 世纪 70 年代以后, 人类自身的发展在经济发展中的地位开始引起人们的注意. 当前, 各个国家、地区甚至是企业都已经开始关注经济增长的质量和品质, GDP 测量指标也在实践中不断完善; 虽然评价社会福利和环境改进太困难以至于没人愿意去理会它, 但是研究者们却都普遍地认为不存在可以测量经济增长的单一参数, 一个比较完善的测量方法必须考虑到社会福利和生态环境等因素对经济增长的作用. 为了使国民账户能够越来越贴切地反映社会福利的真实水平, 对传统 GDP 指标的改进也在不断进行中, 已有的对 GDP 指标的修正主要集中在非经济问题上, 力求更多地从关注自然资源、环境和生态的保护, 以及对人类自身的健康和发展的角度出发来看待经济的增长. 占主导地位的 GDP 修正指标主要是人类发展指数和可持续经济福利指数.

1) 人类发展指数

20 世纪 90 年代, 联合国发展计划署在《1990 年人文发展报告》中强调 "人是一国真正的财富, 发展最根本的目标就是为人类创造一个适合人们享受更长、更健康和更富创造性的生活的环境"(UNDP, 1990), 以此为出发点, 人类社会发展的最终目的是使人获得健康的生活、享受教育以及体面的生活水平, 并明确指出这三个方面可以分别由健康长寿的状况 (出生时的预期寿命)、教育指数 (成人识字率①和综合毛入学率) 和收入水平 (人均 GDP) 三个指标来衡量 (图 3-4). 这样, 一国或地区的人类发展指数 (Human Development Index, HDI) 可以表示为公式 (3.1). 一般来说, 人类发展指数的值介于 0—1 之间, 而且越高越好.

$$HDI = (人均寿命指数 + 教育程度指数 + 国内生产总值指数)/3 \qquad (3.1)$$

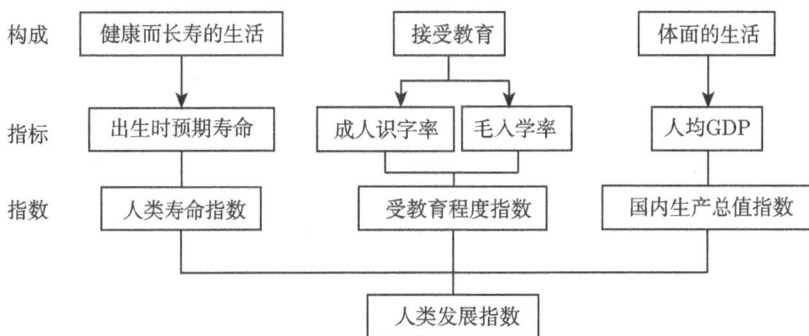

图 3-4 人类发展指数的构成

资料来源: 王志平 (2007)

人类发展指数自被提出以来得到了广泛的应用, 运用这个公式, 联合国发展计划署在此后出版的一系列的人类发展年度报告中也详细计算了各国的人类发展指数; 这一指数在某种程度上建立了经济和社会发展的二维关系, 试图在一个充满活力和可持续发展的进程中整合社会和经济目标, 与传统 GDP 测量指标相比具有明显的进步; 但是作为一个测量指标, 人类发展指数也存在很多不足之处, 主要表现在: ①人类发展指数仅仅包含了三个维度的指标, 而没有其他对福利有直接影响的因素, 如公平、贫困、环境等, 也没有考虑各国或地区发展侧重点的不同, 因而其在测量上可能存在偏颇; 诸大建 (2011) 利用 GDP 指标和人类发展指数开展的实证

①识字率只能够粗略地反映教育机会、教育效果等情况.

研究也发现, 2003 年以来中国的人类发展指数没有随经济增长的提高而提高; ②人类发展指数在统计口径和基础数据来源及权重确定上存在不足之处, 在计算过程中, 人类发展指数是对三个指标求平均数, 这一简单的加权方法要求各指标间相互独立, 然而, 人类发展指数三个维度指标之间却存在很强的关联性, 因而必然不能客观反映真实情况. 更甚至, McGillivray (1991) 认为人类发展指数是一个多余的发展指标, 因为它的各指标之间正相关或各成分之间自相关. ③公式 (3.1) 的计算中很容易突出分数较大指标的作用, 一个国家或地区可以通过倾斜的发展测量来获取比较高的综合指数值 (李晶和庄连平, 2008), Noorbakhsh (2006) 计算了人类发展指数中的不平等性.

综上, 人类发展指数需要在发展过程中不断地进行完善. Streeten (1994) 认为人类发展与环境之间应该是正相关的, 但是, 当前很多发展是以牺牲环境为代价的, 这种对自然资源的不合理使用严重威胁到了人类的生存质量和发展, 因此, 人类发展指数与环境和可持续发展之间的结合是其未来发展的一个重要的方向 (胡锡琴等, 2007).

2) 可持续经济福利指数

从 20 世纪 60 年代起, 随着社会福利及生态环境问题的日益突出, 人们开始反思经济增长的目的以及追求高速经济增长所需要付出的代价, 有的学者指出 "经济增长只是在一定的范围内导致生活质量的改进, 超过这个范围如果有更多的经济增长, 生活质量也许会开始退化" (Jackson and Marks, 1994; Stockhammer, et al., 1997), Max-Neef (1995) 将这种现象称作福利的 "门槛假说". 在这一临界点上, 进一步的经济增长只会有损于社会福利的改善. 然而, 由 Daly 和 Cobb 设计的可持续经济福利指数 (Index of Sustainable Economic Welfare, ISEW) 则将环境恶化、资源枯竭等其他因素包含在经济增长的测量中 (Daly and Cobb, 1989), 是对经济福利测量的改进; 该指标不是将所有支出进行简单的加总, 而是运用收入分配、与成本有关的污染和其他不可持续的成本对消费支出进行平衡, 其计算公式可以粗略地表示为

$$ISEW = 个人消费 + 公共非防御性支出 - 个人防御性支出$$
$$+ 资本构成 + 家庭劳动支出 - 环境恶化成本 - 自然资产折旧 \quad (3.2)$$

可持续经济福利指数的实证研究表明, 直到 20 世纪 70 年代末 80 年代初, 随着经济的增长, 社会福利也一直在以缓慢的速度增加, 然而, 在此之后, 尽管经济在持续增长着, 但可持续经济福利指数却开始下降 (Gil and Sleszynski, 2003; Guenno and Tiezzi, 1998; Philip A Lawn and Sanders, 1997), 这意味着经济增长对非经济福利的影响超越了其所带来的经济福利, 并且开始导致社会福利的下降. 随后, 可持续经济福利指数在发展中国家的应用表明, 经济增长降低福利的临界点在不断地收

缩 (Clarke and Islam, 2005; Guenno and Tiezzi, 1998), 即与发达国家现有的水平相比, 在发展中国家这一临界点发生在更低的人均 GDP 水平上.

在可持续经济福利指数的基础上, Cobb 等 (1995) 提出了真实发展指标 (Genuine Progress Indicator, GPI), 该指标扩展了传统的国民经济核算框架, 包含了社会、经济和环境三个方面的内容, 并把市场和非市场活动的价值都包含在一个简明的、综合的框架中专门用来探索经济增长对可持续福利的影响, 这一指数为一国的真实发展及其随时间的动态变化提供了一种可以比较的测量方法. 研究表明, GDP 和 GPI 之间的分歧是尤为显著的, 自 20 世纪 70 年代以来人均 GDP 是上升的, 而 GPI 实际上是下降了 (Victor, 2010). 但是, 这一指标很难测算非市场性的货物和服务, 因而有待进一步的讨论和完善, Lawn (2007), Lawn 和 Clarke (2008) 建议用对国家生态足迹的衡量来补充 GPI.

近年来, 围绕 GDP 测量方法的调整, 学术界出现了不少解释和计算社会福利的研究, Jones 和 Klenow (2010) 认为除了人均 GDP, 闲暇、不平等、死亡率、发病率、犯罪率以及一个纯净的环境等也会影响到经济的发展和人们的生活水平; Morrisson 和 Murtin (2005) 运用标准收入、寿命率和教育的加权总和作为福利的度量标准; Decancq 和 Ooghe (2010) 以人均 GDP、寿命率和教育为基础评价了 1980—2008 年世界是否向前发展了; Jones 和 Klenow (2010) 结合消费、闲暇、不平等、预期寿命, 运用效用方程来达到对消费福利当量的测量; Fleurbaey (2009) 运用预期寿命率、闲暇、不平等等要素为 24 个 OECD 国家构建了全收入测量; Boarini 等 (2006) 运用工资来评价闲暇, 并将其与人均 GDP 结合起来, 构建了一个全收入的测量方法. 所有这些研究的目的是为了更好地理解经济增长, 并且运用相关的统计数据来评估经济的社会福利表现, 但是这些方法都是以某一特定地区或国家为研究对象, 仍旧处于探索阶段, 也还没有得到普及和推广. 上述测量方法在某种程度上较为全面地反映了经济、社会和环境现状, 把 GDP 按照与环境、社会相关的全部收益和成本进行调整, 这使得对经济增长的测量更加符合社会实际, 但是这些测量方法不仅测量的范围过于狭窄, 在测量方法上需要进一步推敲, 而且不能准确地描述一个国家或地区一定时期内社会福利的变化, 因而并没有得到广泛的应用. 我们不能期望从经济增长中获得长期的社会满意、经济增长的收益和成本, 如生产的质量、生态环境状况和收入分配的公平性等, 理应包含在国民核算体系之内.

4. 福利导向的生产率指标体系

不可否认, 随着经济的增长社会福利理应不断增加, 但是本研究认为社会福利的增长要有个限度, 盲目地扩大社会福利容易造成公共债务激增, 高福利政策必须建立在可持续的经济增长之上, 2010 年希腊社会福利支出占 GDP 的比重为 20.6%, 占政府总支出的 41.6%, 这一比例在经济良好增长的时候并没有什么不妥, 但是在全球金融危机的影响下, 当其本国经济出现问题的时候, 如果其社会福利支出并不相应地减少, 政府的债务负担超过了自身的承受范围, 就必然会引发债务危机. 社会整体福利依赖于生活的质量和数量而不仅仅是经济增长、经济行为及其对环境和福利的影响主要存在于生活环境中, 这就要求在理论研究上寻找一个能够权衡社会福利和经济增长的有效的切实可行的体系, 在社会福利的最优增长路径上实现经济的可持续发展. 上面提及的福利导向的生产率包含了效率、效益、社会福利的统一, 可以说是一个比较有效的测量和实现可持续发展的方法和路径. 因为生产率的改进是影响福利的重要因素, 也是维持社会福利长期增长的唯一方法, 更高生产率的优点是可以直接增加闲暇时间, 而不是增加 GDP. 更高的生产率决定了经济体竞争力的提高和社会经济发展的均衡 (Commission, 2002), 当宏观生产率增长是可持续的, 一个国家的福利就会增加, 而且有可能达到一种我们的父辈从来没有经历过的生活水平.

　　为了测量个体或社会是更好还是更糟了 (即经济增长的真实状态), 以及社会福利对经济增长的贡献, 以现有的研究、数据可获取性和 J. Stiglitz 等 (2009) 的研究指标为基础, 本研究从收入、教育、医疗等角度选取福利导向的生产率的计算指标, 详见表 3-2.

表 3-2　福利导向的生产率指标

指标	子指标
投入因素	居民消费水平
	就业人员平均工资
	财政性教育经费
	医疗机构床位数
	卫生机构人员数
产出因素	1-失业率

3.3　我国环境和福利的现状分析

3.3.1　环境现状分析

　　当前全球面临的环境问题纷繁复杂, 本研究的生态环境是指以人为中心的人类生存环境, 我国的环境问题主要表现在以二氧化硫 (SO_2) 和烟尘为主的大气污染, 以废水排放为主的水污染, 以及以植被破坏和水土流失为主的生态环境破坏 (苗得雨等, 2006), 这些环境问题直接导致了我国水土流失严重、沙漠化迅速扩展、生物物种加速灭绝. 在接下来的研究中, 本研究主要从大气污染、水污染和固体废弃物三个角度来对我国的环境现状进行分析.

　　首先, 目前我国的大气污染主要来自于工业排放和车辆尾气排放, 同时, 由于树木的大量砍伐, 植物净化空气的能力也在逐渐降低, 加之人口密度的增加, 使得空气污染日趋严重; 大气污染会影响到工农业生产, 影响到经济发展, 同时会对天气产生不良影响. 但是, 由于大气污染治理容易受到天气的影响, 并且会在不同地域间转移, 因此地区或企业对大气污染治理的积极性相对较低. 由于工业废弃、烟粉尘及 SO_2 的度量单位不一致, 本研究以 1997 年为基期, 计算了三者的指数, 以便于将其放在同一张图中进行比较, 这一指数与排放量的变化完全一致, 如图 3-5 所示. 从图中我们可以看出我国的工业废气[①]排放量是逐年增加的, 但是 SO_2 和工业烟粉尘排放指数从 2005 年开始呈现下降的趋势, 这说明我国 2005 年出台的环境治理措施正在逐步发挥作用.

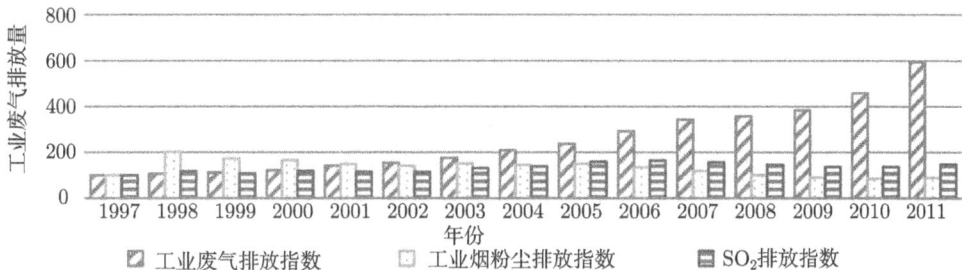

图 3-5   1997—2011 年废气排放情况

资料来源: 根据 2012 年环境统计年鉴整理

其次, 目前我国的水环境质量不容乐观, 农村饮用水源和地表水均受到不同程度的污染, 水环境持续恶化严重地威胁了社会的可持续发展, 威胁了人类的生存, 成为人类健康、经济和社会可持续发展的重大障碍, 人们一直认为安全卫生的自来水如今也已经不能算是卫生的了, 水污染的恶化使水供给更加短缺. 我国水体污染主要来自三方面: 一是工业发展超标排放工业废水; 二是城市中由于城市污水排放和集中处理设施严重缺乏, 大量生活污水未经处理直接进入水体造成环境污染; 三是农村地区加快发展畜牧养殖业, 而基本完全没有相应的污水处理措施, 严重污染了农村的地下水源. 工业废水近年来经过治理虽有所减少 (图 3-6), 但是废水整体排放量却在逐年增加, 城市生活污水有增无减, 占水质污染的 51% 以上. 由图 3-6 可以看出不但工业废水排放量增速放缓, 而且工业废水中的化学需氧量[②]也在逐年下降, 这说明我国对企业的环境治理发挥了应有的作用, 下一步需要着重治理生活污水, 尤其是农村的地下水源.

---

① 生产过程中产生的各种排入空气的含有污染物的气体总量.

② 化学需氧量是以化学方法测量水样中需要被氧化的还原性物质的量. 它反映了水中受还原性物质污染的程度. 该指标也作为有机物相对含量的综合指标之一.

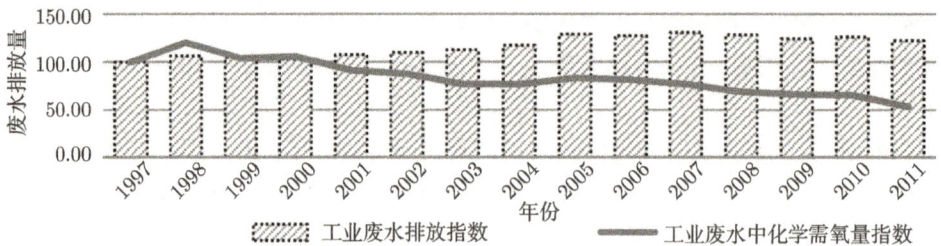

图 3-6　1997—2011 年废水排放情况

资料来源：根据 2012 年环境统计年鉴整理

最后，当前我国生产和生活过程中产生的固体废弃物 (又称工业废渣或工业垃圾) 已达到较高的程度，其危害具有潜在性、长期性和灾难性的特点，并且有可能在数年以至数十年后才能发现. 虽然由图 3-7 可知，自 1998 年开始，我国的工业固体废物排放量逐年下降，但是这些有害物质在自然环境中的渗透已经对生态环境造成了很大的破坏，这一污染不仅难以治理，而且需要巨额的投资，从某种意义上来说，这种污染造成的危害可能要比水、大气造成的危害更严重.

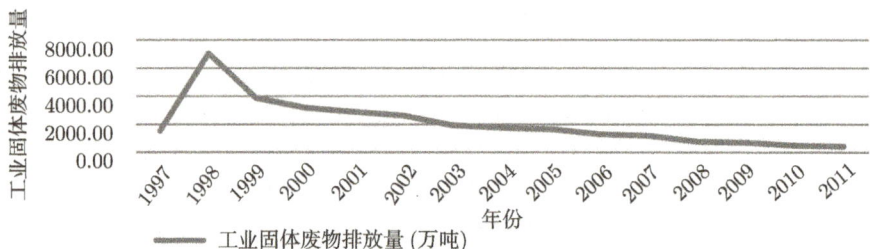

图 3-7　工业固体废物排放量

资料来源：根据 2012 年环境统计年鉴整理

综上，我们可以看出，我国工业污染状况正在逐步改进，除了工业废气排放量在逐步增长之外，工业废水和固体废弃物的排放量都在逐步下降. 尽管如此，从世界银行的世界发展指数 (World Development Index, WDI) 来看，我国的污染现状还是不容乐观的. 根据 WDI 数据整理的环境投入 (图 3-8) 来看，我国整体的单位 GDP 能耗、能源消费总量和电力消耗量增速明显. 这说明我国经济发展中，能源的投入在不断地增加，尤其是电力消耗量，同时，二氧化碳排放量也呈缓慢增长的趋势.

当前我国环境污染的特征主要有：①环境污染具有潜伏性，很多污染是低浓度、慢效应，不易被及时发现，一旦爆发后果严重，主要表现在：通过统计数据来看，我国当前的工业污染状况正在逐步改进，但是整体环境状况不断恶化，各地区雾霾天气不断增多. ②政府监管不力, 企业不重视环境保护. 在以 GDP 为导向的经济绩效衡量中, 各地区只注重经济指标, 对污染事故处理不力; 各污染企业为了降低成本大都采取末端治理的行为, 更甚至于平时随意污染, 而末端治理设备只是为了应付检查而设置的. ③农村污染问题得不到足够的重视. 鉴于此, 本研究有必要把环境投入及环境污染等不良产出纳入到生产率的考核体系之内, 以便更加切实有效地测量和引导经济的增长.

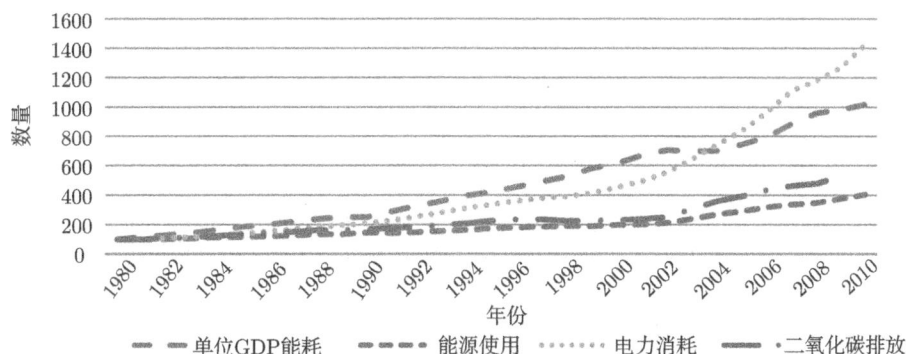

图 3-8 环境投入及 CO_2 排放

资料来源: 根据世界银行 WDI 数据整理

3.3.2 福利现状分析

对经济增长和福利增长的追求代表了两种不同的发展方向, 研究表明, 经济快速增长到一定阶段, 其对福利的推动作用会逐渐减弱, 因为经济增长所带来的外部不经济会阻碍福利水平的提高; 许崴 (2009) 的研究结果也表明, 当一国人均收入超过 5000 美元之后, 人们的快乐程度与收入之间无显著正相关关系. 从图 3-9 给出的我国 1978—2010 年 GDP 与居民收入增长变化曲线可以明显地看出, 虽然居民收入随着经济的高速增长有所增加, 但是其增幅是缓慢的, 并且与 GDP 之间的差距也越来越大, 尤其是在 2000 年之后. 此外, 国家统计局公布的数据显示, 我国的基尼系数也正在逐步拉大, 从 1995 年的 0.389, 到 2012 年的 0.474, 已然超出了联合国给出的收入差距的相对合理范围 (0.3~0.4), 这表明收入差距问题相当严峻, 需要预防 "中等收入陷阱". 不仅如此, 由图 3-10 的城乡收入差距可以看出, 城乡居民之间的差距也在缓慢增加, 尽管 2009 年之后这一差距有下降的趋势, 但是, 由于这一差距比较的是城镇居民可支配收入和农村居民人均纯收入, 由此看来我国的城乡收入差距应该比现有大更多. 此外, 用于文教、卫生、体育、科研等的社会发展总支出的大小直接会影响到居民所享受的福利程度, 研究表明, 随着经济的发展, 我国社会发展总支出的绝对额有了很大的提高, 但是与经济发展相比较, 这一投入比例

还是很低 (王树同和赵振军, 2005).

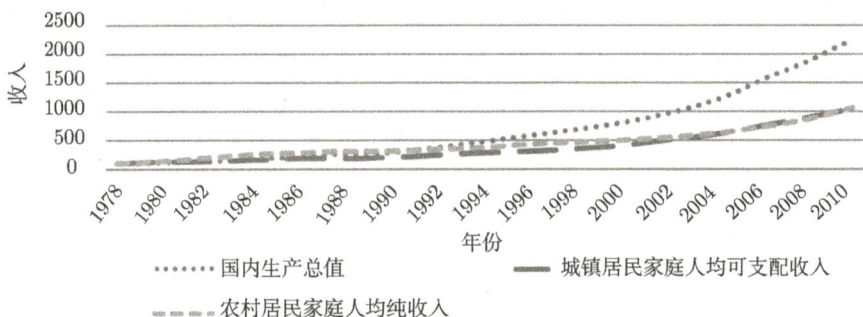

图 3-9   GDP 增长与居民家庭收入变化曲线

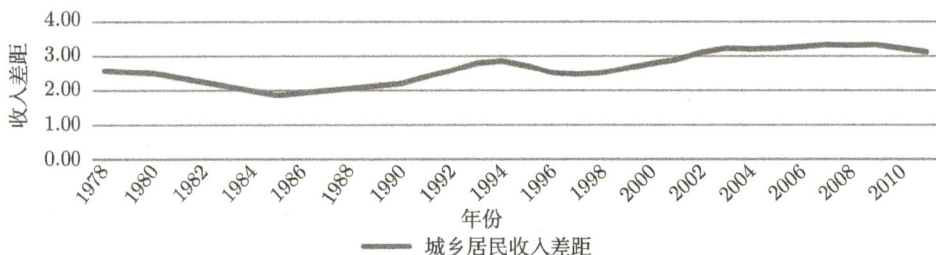

图 3-10   城乡居民收入差距

综上, 在我国经济增长取得丰硕成果的同时, 贫富差距、就业等问题也日益凸显, 这些问题正在逐渐成为经济持续增长的制约因素. 当前我国的社会福利也日益呈现出持续高涨的需求与严重不足的供给之间的矛盾, 福利事业的滞后会直接影响到数亿人的生活质量 (郑功成, 2013), 因此必须引起足够的重视, 这对于提升我国的福利水平必定会产生重要的影响, 现在发展的目标不应该仅仅是增长, 而是进行福利改革, 建设惠及 13 亿多中国人的全面小康社会.

第4章   距离函数和生产率指数的计算

经济的快速增长导致的环境质量恶化已对国民经济和社会福利造成了巨大的损失,特别是进入"十五"以来,由于能源耗竭和资源消耗的上升,自然资源损失占GDP 的比重呈现上升趋势,这表明了我国经济增长的质量已经开始有所下降,然而,由于数据搜集及测量方法上的局限,考虑自然资源的约束,从生态环境和社会福利的角度研究中国工业经济的文献仍然十分鲜见,第 2, 3 章给出的环境/福利导向的生产率综合了环境污染排放和自然资源的使用及生产性能来估算环境友好型生产率,并且创新性地把社会福利支出作为一种投入因素来计算福利导向的生产率,这一测量方法更加符合经济社会发展的实践,由二者结合而来的全生产率指标也更能够反映经济的实际发展绩效. 为了实现这一目标,本研究运用产出方向性距离函数把多个生态环境和社会福利目标聚集到一个环境/福利导向生产率的测量中,基于此,本章首先对距离函数及方向性距离函数作一个简单的概述,界定本研究的研究假设,并给出进一步实证分析的研究方法.

4.1   理论基础 —— 两种距离函数及其假设

传统的测量生产率的 Malmquist 指数方法是基于生产函数的概念,用来比较两个经济体生产技术的指数,是一种非参数线性规划法与数据包络分析理论的结合,其计算方法是以距离函数为基础的,因此本章首先对距离函数的概念进行简单的介绍;但是这一指数假定所有产出都是同方向变动的,不符合本研究的研究目的,在此基础上,本研究引入可以实现理想产出增加,不良产出减少的方向性距离函数,为 Malmquist-Luenberger 指数的计算奠定理论基础.

4.1.1   距离函数

假定一个国家的产出向量 $y = (y_1, \cdots, y_N) \in \Re_+^N$ 是由投入向量 $x = (x_1, \cdots, x_M) \in \Re_+^M$ 生产的. 那么在这一生产过程中,技术可以被定义为

$$T = \{(x, y) : x可以生产y\} \tag{4.1}$$

假定产出是固定的,则以技术表示的生产可能性集 $P(x)$ 可以表示为

$$P(x) = \{y : (x, y) \in T\} \tag{4.2}$$

那么, 生产可能性边界就是曲线 $P(x)$ 的外边界, 这一边界度量了投入向量 x 固定情况下的最大可能的产出组合, 边界上的点比边界内的点更具有效率. 产出向量固定时, 投入需求集即投入等量曲线由最小的投入组合构成; 同时, 技术又可以表示为投入需求集的形式 $I(y)$:

$$I(y) = \{x : (x, y) \in T\} \tag{4.3}$$

$$D_O = \inf \{\delta : (x, y/\delta) \in P(x)\} \leqslant 1 \tag{4.4}$$

$$D_I = \sup \{\gamma : (x/\gamma, y) \in I(y)\} \geqslant 1 \tag{4.5}$$

基于上述技术及生产可能性集的理论, Shephard (1953) 提出的距离函数提供了广泛使用的测量生产率和效率的方法, 如图 4-1 所示, 其中 Y_1, $Y_2(X_1, X_2)$ 是两种不同的产出 (或投入), 曲线 $yy'(xx')$ 是生产可能性曲线 (等产量线), 曲线上的点 B 和 C 是最优的产出和投入点; 点 A(或 D) 代表观测点的产出 (或投入) 水平. 产出距离方程测量了投入固定时, 产出向量按比例扩张的程度, 通过生产可能性集 $P(x)$ 可以将其表示为公式 (4.4). 根据 Lovell 等 (1994) 可知, D_O 是非递减、正线性齐次的凸函数, 并且 $D_O \leqslant 1$ 对于 $\forall y \in P(x)$; D_I 测量了产出固定的条件下 x 的最大可能收缩, 运用投入需求集可以将其表示为公式 (4.5), 同样, D_I 是非递减、正线性齐次的凹函数, 并且 $D_I \geqslant 1$ 对于 $\forall x \in I(y)$, 根据图 4-1, $D_I(y, x) = \gamma^* = \dfrac{OD}{OC}$.

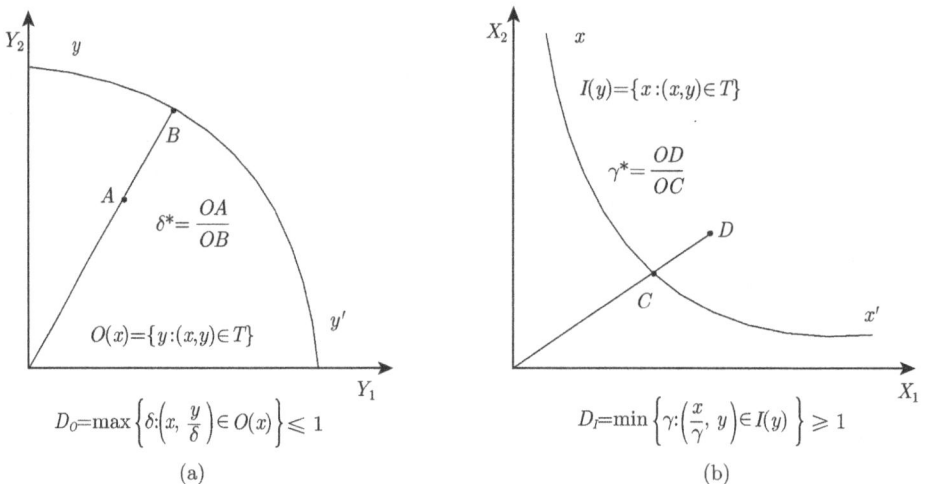

图 4-1　Shephard 投入产出距离方程

图 4-1 所给出的 Shephard 投入产出距离函数意味着, 在没有随机性误差的假设条件下, 要确保经济的最有效, 地区或企业必须对观测点的生产进行调整以使其达到生产可能性曲线的 B 点或等产量线上的 C 点, 此时, 生产单元具有完全效率,

效率值为 1. 任何超过前沿面的投入观测点都有一个严格大于 1 的距离值, 同样, 任何低于前沿面的产出观测点也有一个严格小于 1 的距离值, 且效率值在 0 到 1 之间. 观测点与前沿面之间的差距代表了生产单元的无效率程度, 即 Malmquist 生产率指数所测量的值.

距离函数在估计效率和环境生产率方面具有显著的优势. 首先, 距离方程与价格无关, 它仅仅是从纯数量的角度来构建的; 其次, 距离函数可以用来估计多投入多产出生产情况下的生产率, 在环境和福利的约束下, 这意味着距离函数可以用来获取生态属性和福利特性. 一般来说, 距离函数可以用非参数的方法, 通过线性规划来求解, Charnes 等 (1978) 提出数据包络分析方法之后, 距离函数得到了广泛的发展和应用. 当前, 已有大量的研究把 Shephard 距离函数运用到环境数据的分析中, Färe 等 (1993) 与 Coggins 和 Swinton (1996) 利用距离方程估计了污染治理成本; Färe 等 (1996) 把要素生产率分解为投入–产出生产效率指数和一个相应的污染指数; Färe 等 (2004) 和 Munksgaard 等 (2007) 为产生污染的生产过程构建了环境绩效指标. 但是, Shephard 距离函数有一个不可避免的致命缺陷, 它假定所有的产出从初始状态开始按照同一方向径向扩张, 这种径向的效率与生产率测度必然会高估评价对象的效率.

4.1.2 方向性距离函数

为了使距离函数模型更加符合社会实际, 本研究进一步假定所有的产出向量可以被分解为理想/良好产出 y 和不良/有害产出 μ 两个部分, 这两个部分是生产理论框架中不可分割的生产过程. 当前, 在理论研究上处理不良/有害产出的方法有两种: ①把有害产出当作投入来处理, Cropper 和 Oates (1992) 提供了一个把有害产出当作投入的理论模型; Keilbach (1995) 把二氧化硫、氮氧化合物、二氧化碳和颗粒物的排放作为投入要素, 估计了 C-D 生产函数, 这一方法虽然简化了研究模型, 能够比较容易地把有害产出包含在生产框架之内. 但是, 当有害产出在实际生产过程中不起任何作用的时候, 这种计算方法在理论上就是有缺陷的, 不符合物质平衡法 (Murty, et al., 2012); 而且, 这一方法在技术上也是不可行的, 因为在生产函数中, 将有害产出作为一种投入意味着有害产出可以被生产过程中的其他投入要素所代替, 很明显这在实践中是不可行的; ②把有害产出看作综合输出, 如污染治理等, 这一方法把有害产出的减少看作是理想产出, 在没有基本排放率约束条件下创建一个不同的原始变量的非线性变换 (Atkinson and Dorfman, 2005). 其实, 理想和有害产出不应该对称地来看, Chung 等 (1997) 运用方向性距离函数来计算理想和有害产出不对称变化的生产关系, 这一方法为生产过程中最小化有害产出而不用将其作为投入提供了一个可行的办法, 根据这一研究, 在本研究中, 我们运用方向性距离函数对投入和两种产出进行建模, 那么, 技术可以以生产可能性边界的形式表

示为

$$P(x) = \{(y, \mu) : x可以生产\,(y, \mu)\} \tag{4.6}$$

其中, $x = (x_1, \cdots, x_M) \in \Re_+^M$ 是 M 种投入, $y = (y_1, \cdots, y_N) \in \Re_+^N$ 是 N 种理想产出, $\mu = (\mu_1, \cdots, \mu_J) \in \Re_+^J$ 是 J 种有害产出 (不良产出或污染).

根据 Chung 等 (1997) 和 Färe 等 (2005) 的研究, 公式 (4.6) 定义的生产可能性边界满足如下基本假设.

(1) 生产可能性集合是紧致的.

对任何投入和产出向量 $x \in \Re_+^M$ 和 $y \in \Re_+^N$, 向量的序列有极限且极限也在这个向量集合里.

(2) 有害产出的弱可处置性.

这一假设表明: ①如果理想和有害产出的初始值在生产可能性曲线之内, 那么任何二者的比例变化是可行的; ②有害产出的减少是有成本的, 即在给定投入水平前提下, 只有当理想产出同时按比例减少时, 有害产出的下降才是可行的 (Färe, et al., 2007).

如果 $(x, y, \mu) \in P(x)$, 那么 $(x, \alpha y, \alpha \mu) \in P(x), \forall 0 \leqslant \alpha \leqslant 1$.

(3) 理想产出的强自由处置性.

这一假设表明如果某一产出向量是可行的, 那么任意低于该理想产出的产出向量都是可行的, 产出的自由处置性也表明没有产能过剩; 同时, 这一假设也表明理想产出的增加可以在不带来有害产出增加的条件下发生.

如果 $(y, \mu) \in P(x)$, 那么 $(y', \mu) \in P(x), \forall y' \leqslant y$.

(4) 理想产出 (市场化产出) 与有害产出 (多种污染物) 是 "联合生产"(Null-Jointness) 的.

"联合生产" 的假设直接来自于弱自由处置性, 这一假设意味着如果理想产出被生产了, 那么某些有害产出也必然会被生产, 或者说实现零有害产出的唯一方法就是不生产理想产出.

如果 $(y, \mu) \in P(x)$, 并且 $\mu = 0$, 那么 $y = 0$.

(5) 投入的自由处置性.

如果 $x \leqslant x'$, 那么 $P(x) \subseteq P(x')$.

从本质上来说, 效率是资源有效配置、投入产出能力和可持续发展能力的总称 (王剑等, 2009), 因此, 效率分析一直是管理经济学研究的核心内容. 技术效率的研究开始于 Koopmans (1951), Debreu (1951) 和 Shephard (1953), 在不减少其他产出 (或不增加其他投入) 的情况下, 技术上不可能增加任何产出 (或减少任何投入) 的投入产出状态定义为技术上是有效率的 (Koopmans, 1951). Farrell (1957) 首次从投入的角度提出技术效率的测量方法, 其对技术效率的产出测量可以表示为距离函数的倒数; 运用 Shephard 产出距离方程, 在传统的 Malmquist 生产率指数中, 技术可以用公式 (4.7) 来定义, 根据 Färe 和 Primont (1995) 的研究, 在产出的弱可处置性假设下, $(y,\mu) \in P(x) \Leftrightarrow D_O(x,y,\mu) \leqslant 1$, 这一方程意味着理想产出和有害产出以相同的比率扩张; 但是, 在实践中我们真正追求的状态是理想产出的增加和有害产出的下降.

$$D_O(x,y,\mu) = \inf\{\delta : ((y,\mu)/\delta) \in P(x)\} \tag{4.7}$$

在现实生产过程中, 地区或企业所追求的是同时实现理想产出的增加和有害产出的减少, 为了实现有害产出减少这一目标, 本研究运用方向性距离函数来测量技术, 假设 $g = (g_y, g_\mu) \in \Re_+^N \times \Re_+^J$ 是一个方向向量, 表示在给定方向下扩大理想产出 y 的同时减少有害产出 μ. 根据 Luenberger (1995), 方向性产出距离函数可以写成

$$\vec{D}_O(x,y,\mu;g) = \sup\{\delta : (y+\delta g_y, \mu-\delta g_\mu) \in P(x)\} \tag{4.8}$$

这一函数寻求的是理想产出 y 的最大扩张和有害产出 μ 的下降的同时实现, δ 对应的是各决策单元生产效率的体现, 给定固定的技术和投入水平 x, δ 可以解释为某决策单元的产出向量 (y,μ) 按照方向向量 g 扩展到生产可能性曲线上时, 理想产出增加和有害产出减少的最大程度, 当然, 这种增加和减少是相同比例的, 生产效率越低的决策单元对应的 δ 越大, 而且根据 Chambers 等 (1998) 可知

$$\vec{D}_O(x,y,\mu:g) \geqslant 0 \Leftrightarrow (x,y,\mu) \in P(x) \tag{4.9}$$

由上述生产可能性边界 $P(x)$ 的基本假设及特性, 我们可以得出方向性距离函数的一系列特性:

(1) 对任何可能的产出向量, 方向性距离函数是非负的. 当产出向量 (y,μ) 是生产前沿面 $P(x)$ 上的点的时候, 方向性产出距离函数为 0; 离前沿面越近, 效率/生产率越高, 距离方程值越小.

$$\vec{D}_O(x,y,u;g_y,-g_\mu) \geqslant 0, \quad \text{当且仅当 } (y,\mu) \in P(x)$$

(2) 单调性
(i) 当 $(y',\mu) \leqslant (y,\mu) \in P(x)$ 时, $\vec{D}_O(x,y',\mu;g_y,-g_\mu) \geqslant \vec{D}_O(x,y,\mu;g_y,-g_\mu)$;
(ii) 当 $(y,\mu') \geqslant (y,\mu) \in P(x)$ 时, $\vec{D}_O(x,y,\mu';g_y,-g_\mu) \geqslant \vec{D}_O(x,y,\mu;g_y,-g_\mu)$.
(3) 理想产出和有害产出的弱处置性.
当 $(y,\mu) \in P(x)$ 并且 $0 \leqslant \alpha \leqslant 1$ 时, $\vec{D}_O(x,\alpha y,\alpha\mu;g_y,-g_\mu) \geqslant 0$.
(4) $\vec{D}_O(x,y,u;g_y,-g_\mu)$ 是凹的, $(y,\mu) \in P(x)$.
(5) 方向性产出距离函数满足平移性质. 这一性质意味着如果理想产出和有害产出分别按照 βg_y 和 βg_μ 变化, 距离方程的值会减少 β.

$$\vec{D}_O(x, y + \beta g_y, \mu - \beta g_\mu; g_y, -g_\mu) = \vec{D}_O(x, y, \mu; g_y, -g_\mu) - \beta, \quad \beta \in \Re$$

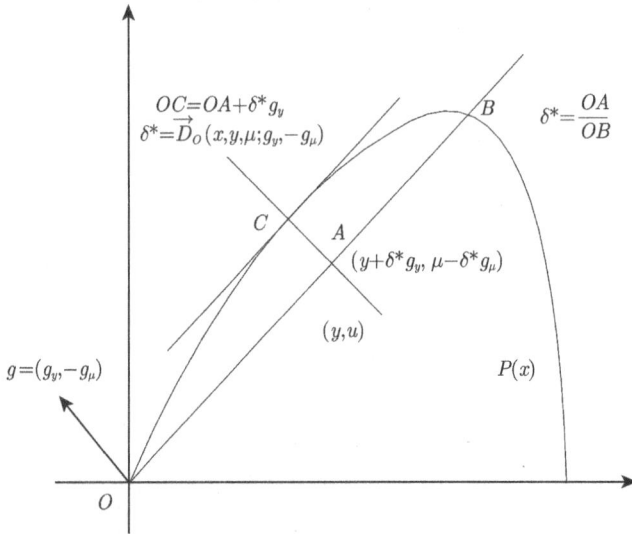

$$OC = OA + \delta^* g_y$$
$$\delta^* = \vec{D}_O(x, y, \mu; g_y, -g_\mu)$$
$$\delta^* = \frac{OA}{OB}$$
$$(y + \delta^* g_y, \mu - \delta^* g_\mu)$$
$$(y, u)$$
$$g = (g_y, -g_\mu)$$
$$P(x)$$

图 4-2　两种距离方程示意图

　　本研究认为距离函数值衡量了决策单元相对于技术水平所决定的前沿面, 无效率程度的大小. 为了比较方向性产出距离函数和 Shephard 产出距离函数, 将上面提到的假设应用到产出束上, 则上面讨论的两种距离方程可以表示为图 4-2. 以 Shephard 距离方程为基础, 如果决策单元进行提高生产率、追求效率最大化的生产扩张, 产出向量 (y, μ) 会径向扩展到生产前沿面的 B 点上, 在此处, 其生产达到帕累托最优, 产出可以表示为 $(y^t + \delta^* g, \mu + \delta^* g)$, 其中 $\delta^* = \vec{D}_O(x, y, \mu; g)$, 则现有观测点的距离函数值等于 OA/OB, 这一比值是方案 A 扩张到生产前沿面所需的最小比例因子 (Bellenger and Herlihy, 2009), 这表示当理想产出与有害产出同时按照 OB/OA 的比率增加时, 决策单元的生产被认为是有效率的; 但是, 在这一距离方程中, 有害产出的减少并不意味着绩效的改进, 因为当有害产出减少时, 理想产出也会同比例减少. 相反, 根据方向性距离函数, 决策单元的生产扩张是沿着 g 所表示的增加理想产出, 减少有害产出的方向映射到 C 点, C 点的产出可以表示为 $(y^t + \delta^* g_y, \mu^t - \delta^* g_\mu)$, 其中, $\delta^* = \vec{D}_O(x, y, \mu; g_y, -g_\mu)$. 在图 4-2 中, 方向性距离函数值等于 AC/Og, 这表示决策单元沿着从 A 到 C 的方向进行生产上的扩张是最有效率的 (Chung, et al., 1997), 并且在 C 点达到帕累托最优. 很明显, 相对于 B 点, C 点表现出了更好的绩效.

　　跟随 Chambers 等 (1996) 和 Chung 等 (1997) 的开创性工作, 令 $g = (y, \mu)$ 表示方向性向量, 通过公式 (4.8), 对任意 $(x, y) \in T$, 这两种距离方程之间的关系可以写作如公式 (4.10) 和 (4.11) 所示, 如此一来, 两种距离函数就可以联系在一起.

$$\vec{D}_O\left(x, y, u; y, u\right) = \sup\left\{\delta : D_O\left(x, (y, u) + \delta\left(y, u\right)\right) \leqslant 1\right\}$$

$$= \sup\left\{\delta : (1 + \delta) D_o\left(x, y, u\right) \leqslant 1\right\}$$

$$= \sup\left\{\delta : \delta \leqslant \frac{1}{D_O\left(x, y, u\right)} - 1\right\}$$

$$= \frac{1}{D_O\left(x, y, u\right)} - 1 \tag{4.10}$$

或者

$$\vec{D}_O\left(x, y, u\right) = \frac{1}{1 + \vec{D}_O\left(x, y, u; y, u\right)} \tag{4.11}$$

4.2 方向性距离函数的计算

已有的实证研究中主要有两种处理有害产出的方法, 即影子价格和生产理论 (Picazo-Tadeo and Prior, 2009), 以这两种路径为基础, 方向性距离函数的计算方法 主要也有两种: 一是把方向性距离函数指定为一个二次型, 并且采用线性规划的方 法进行计算 (Färe, et al., 2006); 二是数据包络分析型线性规划法 (Chung, et al., 1997; Färe, et al., 2007; Kumar, 2006; Lee, et al., 2002). 这两种估计方法在方向性 距离函数计算过程中都使用了线性规划, 但是二者是有明显区别的, 前者需要计算 出影子价格, 因此也就需要对方向性距离函数的方程形式进行假设, 并且对参数进 行限制; 后者虽然不能计算影子价格, 但是不需要任何方程形式或者参数限制. 由 于影子价格的计算不在本研究的研究范围之内, 所以本研究选取非参数 DEA 线性 规划法来计算 Malmquist-Luenberger 生产率指数.

假设有 $k = 1, \cdots, K$ 个决策单元, 在每一个时期 $t = 1, \cdots, T$ 内, 每个决策单元 都使用 $m = 1, \cdots, M$ 种投入 $x_m^{k,t}$ 生产 $n = 1, \cdots, N$ 种理想产出 $y_n^{k,t}$ 和 $j = 1, \cdots, J$ 种有害产出 $\mu_j^{k,t}$, 并且每个决策单元的投入产出值表示为 $\left(x_m^{k,t}, y_n^{k,t}, \mu_j^{k,t}\right)$. 根据 Färe 等 (1994) 的研究, 满足生产可能性边界假设的生产可能性曲线可以表示为

$$P\left(x\right) = \left\{ (y, \mu) \left| \sum_{k=1}^{K} z^{k,t} y_n^{k,t} \geqslant y_n^t, n = 1, \cdots, N, \right.\right.$$

$$\sum_{k=1}^{K} z^{k,t} \mu_j^{k,t} = \mu_j^t, j = 1, \cdots, J,$$

$$\sum_{k=1}^{K} z^{k,t} x_m^{k,t} \leqslant x_m^t, m = 1, \cdots, M,$$

$$z^{k,t} \geqslant 0, k = 1, \cdots, K \Big\} \tag{4.12}$$

其中, 投入、理想产出和有害产出分别是 $M \times K$, $N \times K$ 和 $J \times K$ 矩阵. 向量 $z_k = (z_1, z_2, \cdots, z_K) \in \Re_+^K$ 是强度变量, 是在构建前沿面的时候分配给每个决策单元的权重, 这一向量使得我们能缩小或扩大个别决策单元的活动, 以便能够构建未观测到的但是仍然可行的活动, 因此也就提供了便于分段线性技术边界线性部分构建的权重, z_k 的非负约束表示允许模型表现出规模报酬不变. 公式 (4.12) 中的对理想产出 $y_n^{k,t}$ 不等式约束意味着这一类型的产出可以在不增加任何投入的情况下被自由处置, 而且这一模型同样满足理想产出和有害产出的 "联合生产" 假设. 条件 (4.13) 表示每一个有害产出至少被一个决策单元生产; 条件 (4.14) 则意味着每一个决策单元 k 至少生产一种有害产出.

$$\sum_{k=1}^{K} \mu_{kj}^t > 0, \quad j = 1, \cdots, J \tag{4.13}$$

$$\sum_{j=1}^{J} \mu_{kj}^t > 0, \quad k = 1, \cdots, K \tag{4.14}$$

对于每一个决策单元, 距离函数值是作为线性规划问题的最优解被计算出来的. 这样的话, 每一个决策单元需要求解 4 个线性规划问题, 其中有两个是利用 t 期或 $t+1$ 期的技术, $\vec{D}_O^t (x^t, y^t, \mu^t; y^t, -\mu^t)$ 和 $\vec{D}_O^{t+1} (x^{t+1}, y^{t+1}, \mu^{t+1}; y^{t+1}, -\mu^{t+1})$; 而剩下的两个利用的是决策单元的混合时期, 如用 $t+1$ 期决策单元计算的 t 期的距离函数值, $\vec{D}_O^t (x^{t+1}, y^{t+1}, \mu^{t+1}; y^{t+1}, -\mu^{t+1})$ 和用 t 期决策单元计算的 $t+1$ 期的距离函数值, $\vec{D}_O^{t+1} (x^t, y^t, \mu^t; y^t, -\mu^t)$.

通过运用公式 (4.12) 中的实证生产可能集, 在 t 时期运用 t 期的技术, 决策单元 k', $k' = 1, \cdots, K$ 的方向性距离函数值可以通过解下述线性规划问题 (4.15) 得到:

$$\vec{D}_O^t \left(x^{k',t}, y^{k',t}, \mu^{k',t}; y^{k',t}, -\mu^{k',t} \right) = \max \delta$$
$$\text{s.t.} \sum_{k=1}^{K} z^{k,t} y_n^{k,t} \geqslant (1+\delta) y_n^{k',t}, \quad n = 1, \cdots, N$$
$$\sum_{k=1}^{K} z^{k,t} \mu_j^{k,t} = (1-\delta) \mu_j^{k',t}, \quad j = 1, \cdots, J$$
$$\sum_{k=1}^{K} z^{k,t} x_m^{k,t} \leqslant x_m^{k',t}, \quad m = 1, \cdots, M$$
$$z^{k,t} \geqslant 0, \quad k = 1, \cdots, K \tag{4.15}$$

除了变量的上标要换成 $t+1$ 而不是 t 之外, $\vec{D}_O^{t+1}\left(x^{t+1}, y^{t+1}, \mu^{t+1}; y^{t+1}, -\mu^{t+1}\right)$ 的计算与公式 (4.15) 完全相同, 剩下的两个距离方程需要混合时期的信息, 其实证形式可以写作

$$\vec{D}_O^t\left(x^{k',t+1}, y^{k',t+1}, \mu^{k',t+1}; y^{k',t+1}, -\mu^{k',t+1}\right) = \max \delta$$

$$\text{s.t.} \sum_{k=1}^K z^{k,t} y_n^{k,t} \geqslant (1+\delta) y_n^{k',t+1}, \quad n = 1, \cdots, N$$

$$\sum_{k=1}^K z^{k,t} \mu_j^{k,t} = (1-\delta) \mu_j^{k',t+1}, \quad j = 1, \cdots, J$$

$$\sum_{k=1}^K z^{k,t} x_m^{k,t} \leqslant x_m^{k',t+1}, \quad m = 1, \cdots, M$$

$$z^{k,t} \geqslant 0, \quad k = 1, \cdots, K \tag{4.16}$$

同样, $\vec{D}_O^{t+1}\left(x^t, y^t, \mu^t; y^t, -\mu^t\right)$ 的计算与公式 (4.16) 一样, 只是变量的上标 $t+1$ 和 t 需要互换.

4.3 Malmquist 和 Malmquist-Luenberger 生产率指数

4.3.1 Malmquist 指数

Malmquist 指数由 Malmquist 于 1953 年在分析消费的过程中提出, 最初的 Malmquist 指数是运用缩放因子的比来构造消费数量指数, 这一因子表示了给定组合为了达到某一无差异曲线表示的曲面所需要缩放的倍数 (章祥荪和贵斌威, 2008). 很明显, 这一因子与上面提到的 Shephard 产出距离函数是对应的; 随后, Caves 等 (1982) 将这一指数运用到生产效率变化的测算中, 通过相邻时期的距离函数值之比来构造生产率指数; 此后, 该指数与数据包络分析理论相结合, 在生产率测算中得到了日益广泛的应用. 假设有 $t = 1, \cdots, T$ 个研究期, 根据 Caves 等 (1982) 和 Färe 等 (1989) 的研究, t 时期每个决策单元的产出导向 Malmquist 指数可以写作

$$M^t\left(x^t, y^t, \mu^t, x^{t+1}, y^{t+1}, \mu^{t+1}\right)$$

$$= \frac{D_O^t\left(x^{t+1}, y^{t+1}, \mu^{t+1}\right)}{D_O^t\left(x^t, y^t, \mu^t\right)}$$

$$= \frac{D_O^{t+1}\left(x^{t+1}, y^{t+1}, \mu^{t+1}\right)}{D_O^t\left(x^t, y^t, \mu^t\right)} \times \frac{D_O^t\left(x^{t+1}, y^{t+1}, \mu^{t+1}\right)}{D_O^{t+1}\left(x^{t+1}, y^{t+1}, \mu^{t+1}\right)} \tag{4.17}$$

在公式 (4.17) 中, $M^t\left(x^t, y^t, \mu^t, x^{t+1}, y^{t+1}, \mu^{t+1}\right)$ 以 t 期技术为参照比较了 $(x^{t+1}, y^{t+1}, u^{t+1})$ 和 (x^t, y^t, u^t). 当 $t+1$ 时期的数据不适合 t 时期的技术的时候, 生产如

图 4-3 所示, 这样的话, 尽管 $D_O^t\left(x^t, y^t, \mu^t\right) \leqslant 1$, 但是 $D_O^t\left(x^{t+1}, y^{t+1}, \mu^{t+1}\right)$ 可能 $\geqslant,=$ 或 $\leqslant 1$. 因此, 从 t 时期技术的角度看来, 在 t 期和 $t+1$ 期, $M^t(x^t, y^t, \mu^t, x^{t+1}, y^{t+1}, \mu^{t+1})$ 生产率变化可能是正、零或者负. Malmquist 指数可以被分解为两个部分: 一个是技术效率变化指数 $\dfrac{D_O^{t+1}\left(x^{t+1}, y^{t+1}, \mu^{t+1}\right)}{D_O^t\left(x^t, y^t, \mu^t\right)}$, 另一个是沿射线的技术变化指数 $\dfrac{D_O^t\left(x^{t+1}, y^{t+1}, \mu^{t+1}\right)}{D_O^{t+1}\left(x^{t+1}, y^{t+1}, \mu^{t+1}\right)}$.

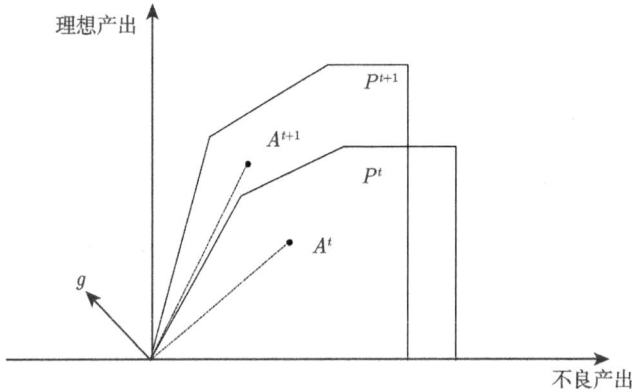

图 4-3　两个时期生产可能集的图解

$t+1$ 期, 决策单元产出导向的 Malmquist 指数是

$$M^{t+1}\left(x^t, y^t, \mu^t, x^{t+1}, y^{t+1}, \mu^{t+1}\right)$$
$$= \frac{D_O^{t+1}\left(x^{t+1}, y^{t+1}, \mu^{t+1}\right)}{D_O^{t+1}\left(x^t, y^t, \mu^t\right)}$$
$$= \frac{D_O^{t+1}\left(x^{t+1}, y^{t+1}, \mu^{t+1}\right)}{D_O^t\left(x^t, y^t, \mu^t\right)} \times \frac{D_O^t\left(x^t, y^t, \mu^t\right)}{D_O^{t+1}\left(x^t, y^t, \mu^t\right)} \tag{4.18}$$

运用不同的参照技术, 生产率变化的不同测量可以通过 $M^t(x^t, y^t, \mu^t, x^{t+1}, y^{t+1}, \mu^{t+1})$ 和 $M^{t+1}\left(x^t, y^t, \mu^t, x^{t+1}, y^{t+1}, \mu^{t+1}\right)$ 形成. 为了避免参照技术基准的随意选择, Malmquist 生产率指数被定义为相邻时期 Malmquist 指数的几何平均值, 即

$$M_t^{t+1} = \left(M^t \times M^{t+1}\right)^{1/2} = \left[\frac{D_O^t\left(x^{t+1}, y^{t+1}, \mu^{t+1}\right)}{D_O^t\left(x^t, y^t, \mu^t\right)} \times \frac{D_O^{t+1}\left(x^{t+1}, y^{t+1}, \mu^{t+1}\right)}{D_O^{t+1}\left(x^t, y^t, \mu^t\right)}\right]^{1/2} \tag{4.19}$$

在实证分析中, Malmquist 生产效率指数一般是通过数据包络分析的非参数方法来求解, 这一方法只需要生产的投入和产出量, 而不需要事先假设函数形式

及相关的价格信息, 这一优点使得 Malmquist 指数得到了研究者们的青睐; 此外,
Malmquist 指数还适用于不同国家、地区或企业跨时期的样本分析. 但是, 这一指
数与传统的 Shephard 距离函数一致, 假设各种产出都是在同一个方向上变动的, 因
此这一测量方法并不适合存在环境污染等不良产出的情况.

4.3.2 Malmquist-Luenberger 指数

由于 Malmquist 指数不适合用于存在非市场化产品 (如污染) 的情况, 因此本
研究跟随 Chung 等 (1997) 的研究, 运用 Malmquist-Luenberger 生产率指数来测度
存在需要控制有害产出、增加理想产出情况下的生产率. 在本研究中, 我们选取方向
的向量为 $g = (y, -\mu)$, 根据公式 (4.10) 和 (4.11), 产出导向的 Malmquist-Luenberger
生产率指数写作

$$
ML_t^{t+1} = \left[\frac{\left(1 + \overrightarrow{D}_O^t\left(x^t, y^t, \mu^t; y^t, -\mu^t\right)\right)}{\left(1 + \overrightarrow{D}_O^t\left(x^{t+1}, y^{t+1}, \mu^{t+1}; y^{t+1}, -\mu^{t+1}\right)\right)} \right.
$$
$$
\left. \times \frac{\left(1 + \overrightarrow{D}_O^{t+1}\left(x^t, y^t, \mu^t; y^t, -\mu^t\right)\right)}{\left(1 + \overrightarrow{D}_O^{t+1}\left(x^{t+1}, y^{t+1}, \mu^{t+1}; y^{t+1}, -\mu^{t+1}\right)\right)} \right]^{1/2}
\tag{4.20}
$$

Malmquist-Luenberger 生产率指数的图解形式如图 4-4 中所示, 在该图中, 一
种投入生产两种产出, 且技术的规模报酬不变, t 期的生产边界表示为 OABCD, $t+1$
期的生产边界表示为 OEFGH, K 表示的产出 $(x^t, y^t, -\mu^t)$ 同时满足 t 和 $t+1$ 期
的生产可能性曲线的观测点, 而 L 表示的产出 $(x^{t+1}, y^{t+1}, -\mu^{t+1})$ 则只满足 $t+1$
期的生产可能性曲线, 即只有在 $t+1$ 期是可行的, 但不属于 $P^t(x^t)$.

用图 4-4 的产出量表示 Malmquist-Luenberger 生产率指数的话, 公式 (4.20) 可
以表示为

$$
ML_t^{t+1} = \left(\frac{Oc/Oa}{Of/Oe} \times \frac{Ob/Oa}{Oe/Od} \right)^{1/2}
\tag{4.21}
$$

公式 (4.21) 可以进一步变化为

$$
ML_t^{t+1} = \left(\frac{Oe}{Of} \right) \left(\frac{Ob}{Oa} \right) \left[\frac{Of}{Od} \times \frac{Oc}{Ob} \right]^{1/2}
\tag{4.22}
$$

公式 (4.22) 中的第一项测量了决策单元从 t 期到 $t+1$ 期的效率变化, 第二个
带有平方根的项度量了决策单元生产可能性曲线的推移程度, 即生产率变化中技术
变化的部分, 这样, 公式 (4.20) 可以被分解为两个部分, 即

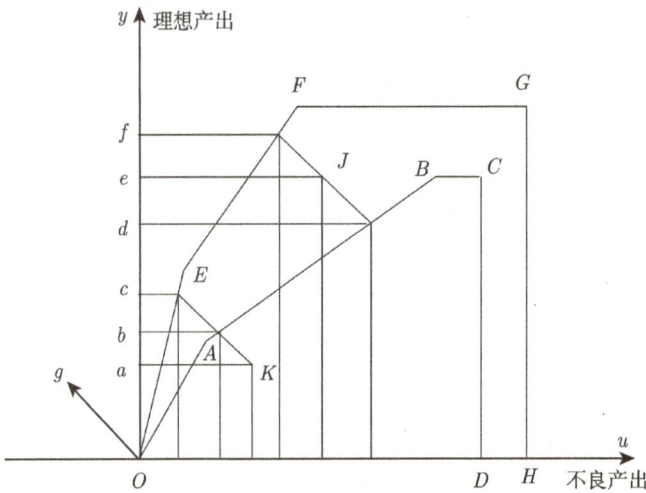

图 4-4　产出增加的技术和产出衡量的 ML 生产率指数

资料来源: Färe 等 (2001) 附录

(1) 效率变化 $EFCH_t^{t+1}$ 如公式 (4.23) 所示, 测量的是两个时期 t 和 $t+1$ 产出效率的变化, 反映的是观测点沿着既定的方向 g 向前沿面移动的程度, 是一种对最优前沿面的 "赶超"(Catching-up). 效率变化表示为观测点离各自前沿面的接近程度之比 (Färe, et al., 2001), 其具体含义详见表 4-1. $EFCH_t^{t+1} = 1$ 表示 t 时期决策单元的观测值在生产可能性边界上, 即该决策单元在 t 时期的生产达到帕累托最优; $EFCH_t^{t+1} < 1$ 则表示决策单元在 t 时期的生产是无效率的.

$$EFCH_t^{t+1} = \frac{\left(1 + \overrightarrow{D}_O^t\left(x^t, y^t, \mu^t; y^t, -\mu^t\right)\right)}{\left(1 + \overrightarrow{D}_O^t\left(x^{t+1}, y^{t+1}, \mu^{t+1}; y^{t+1}, -\mu^{t+1}\right)\right)} \tag{4.23}$$

表 4-1　效率变化的含义

效率变化值	含义
$EFCH_t^{t+1} > 1$	$t+1$ 期的时候观测变量比 t 期更接近前沿面
$EFCH_t^{t+1} = 1$	两个时期具有相同的距离前沿
$EFCH_t^{t+1} < 1$	$t+1$ 期的时候观测变量比 t 期离前沿面更远

(2) 技术变化 $TECH_t^{t+1}$ 如公式 (4.24) 所示, 测量的是理想和有害产出生产中技术的变化, 即两个时期 t 和 $t+1$ 之间前沿面的移动, 其具体含义详见表 4-2.

$$TECH_t^{t+1} = \left[\frac{\left(1 + \overrightarrow{D}_O^{t+1}\left(x^{t+1}, y^{t+1}, u^{t+1}; y^{t+1}, -u^{t+1}\right)\right)}{\left(1 + \overrightarrow{D}_O^t\left(x^{t+1}, y^{t+1}, u^{t+1}; y^{t+1}, -u^{t+1}\right)\right)}\right.$$

$$\times \frac{\left(1 + \overrightarrow{D}_{O}^{t+1}\left(x^t, y^t, u^t; y^t, -u^t\right)\right)}{\left(1 + \overrightarrow{D}_{O}^{t}\left(x^t, y^t, u^t; y^t, -u^t\right)\right)}\Bigg]^{1/2} \tag{4.24}$$

表 4-2　技术变化的含义

技术变化	含义
$TECH_t^{t+1} > 1$	生产前沿面沿着 "更多理想产出, 更少有害产出" 的方向移动
$TECH_t^{t+1} = 1$	没有生产前沿面的移动
$TECH_t^{t+1} < 1$	生产前沿面沿着 "更少理想产出, 更多有害产出" 的方向移动

综上, Malmquist-Luenberger 生产率指数就可以简单地表示为 $ML_t^{t+1} = EFCH_t^{t+1} \times TECH_t^{t+1}$, $ML_t^{t+1}(*) > 1$ 表示的是生产率的改进, 而 $ML_t^{t+1}(*) < 1$ 表示的是生产率的下降 (Chung, et al., 1997; Färe, et al., 2001).

4.4　方向性距离函数在本研究中的应用

从 Malmquist 指数到 Malmquist-Luenberger 指数的演变使得理论研究更加符合社会实践, 尽管 Malmquist-Luenberger 指数的相关研究最早是从微观企业开始的, 但是由于目前我国微观企业层面的数据很难获取, 尤其是环境投入及污染相关的数据, 而且没有形成一个完整的统计体系, 也就不可能构建企业层面计算 Malmquist-Luenberger 指数所需的面板数据. 因此, 本研究以国务院发展研究中心最新公布的中国大陆 8 大社会经济区域, 即东北、北部沿海、东部沿海、南部沿海、黄河中游、长江中游、西南和大西北地区为研究对象, 以地区国内生产总值作为理想产出, 环境污染排放作为不良产出, 以劳动、资本以及环境消耗、环境治理投资以及社会福利支出作为投入对我国的 30 个省份[①], 8 个社会经济区域进行效率和生产率测度, 将每个地区作为一个决策单元来构建最优的生产前沿面, 分别计算这些地区的环境/福利导向的生产率、全生产率, 以及传统的 Malmquist 指数及其分解值; 8 个社会经济区域的生产率由所在地区生产率的几何平均数来计算. 虽然由于统计数据获取的局限性, 本研究所选取指标可能存在一些偏差, 但是这一研究方法相对于全要素生产率来说, 更加符合了社会生产实际, 因此具有一定的参照意义.

[①] 由于西藏自治区的相关统计数据缺失严重, 因此, 本研究中不包含这一地区. 在地区生产率计算中采取的是几何平均数, 因此不会对地区生产率造成影响.

第5章　基于全生产率指数的地区经济发展评价

现如今, 从宏观的政府到微观的企业、民众都逐渐意识到高速的经济增长的确改善了人民的生活水平, 但同时这种增长造成了不可忽视的环境污染等生态环境问题, 以及财富分配不均等社会问题, 这些问题的累积会严重地损害到社会的长期稳定以及经济的持续增长. 在中国导致这些问题的原因大都集中在经济增长方式上, 虽然我国宏微观层面都意识到转变经济增长方式、提升产业结构的必要性, 但是却没有取得良好的效果. 本研究认为, 这主要是由于对当前真正的发展现状不够了解, 因而不能更好地寻找到经济转型的切入点. 为了客观地评价我国经济增长的状况, 衡量我国真实的环境、福利水平, 本章以国务院发展研究中心最新公布的中国大陆 8 大社会经济区域为研究对象, 运用第 4 章所定义的方向性距离函数构建最优前沿面, 计算环境/福利导向的生产率, 以及全生产率, 力图对中国的经济发展进行比较全面客观的评价, 找出制约经济持续增长的因素, 为实现经济的转型和社会的可持续发展提供理论参考.

5.1　关键变量说明

为了更好地衡量各省份真实的经济社会发展状况, 本研究运用 Malmquist-Luenberger 生产率指数计算中国 30 个省份 1997—2011 年的全生产率. 之所以选取这一时间段作为研究期是: ①直到 1997 年重庆才成为直辖市, 因此, 现有的研究中都是把重庆市放在四川省进行分析的, 为了更有效地利用原始数据, 本研究将对重庆市进行单独分析; ②由于中国环境年鉴始于 1990 年, 而且在初期统计口径很不一致, 鉴于以上两个原因, 本研究研究期始于 1997 年.

由于资本和劳动力投入一致被认为是推动中国经济发展的主要因素, 但是自改革开放以来, 我国各省份在地域范围、人口规模和富裕程度上存在较大差别, 而且中国统计年鉴中一直没有资本存量的估计; 此外, 随着教育程度的不断提高, 单纯的就业人口已经不能反映真正的人力资本存量信息, 因此, 本研究首先对我国的资本存量和人力资本存量进行了估算, 本节所有的数据均来自中国统计年鉴 (1998—2012).

5.1.1　资本存量的估算

当前, 很多实证研究都涉及资本存量 K 这一指标, 尤其是关于经济增长、效率与生产率测量的研究中. 但是这一重要的指标却并没有相应的统计数据, 因此对这一指标的估算也由来已久, 而资本存量 K 的估算也直接影响到后续研究的可靠性和准确性. 现有研究的测算方法主要是由 Goldsmith (1951) 开创的永续盘存法, 其基本公式是

$$K_t = I_t/P_t + (1 - \delta_t) K_{t-1} \tag{5.1}$$

其中 K_t 是以基年不变价格计算的 t 期实际资本存量, I_t 是 t 期的当年新增资本存量, P_t 是 t 期价格指数, 用来将当期的投资流量转化为具有可比性的实际投资额, 本研究中直接选取统计年鉴公布的固定资产价格指数 (始于 1991 年) 来替代, δ 是折旧率. 虽然公式 (5.1) 看似非常简单, 但是在运用这一公式对资本存量估算时由于细节处理上的微小差别, 会导致估算结果的较大差异, 这些差异主要来自折旧率的设定上. 由于本研究的主要目的不是专门对资本存量进行估算, 因此, 在李宾 (2011) 对资本存量估算的比较分析研究的基础上, 本研究对公式 (5.1) 中的各变量作如下定义.

1. 基年的选择及基期资本存量的确定

一般说来, 在运用永续盘存法对资本存量进行估算的时候, 基年选择越早, 基年资本存量估计的误差对后续年份的影响就会越小 (单豪杰, 2008). 现有文献中, 基年一般确定在 1952 年、1978 年或 1980 年. 由于我国的宏观统计数据始于 1952 年, 大部分选用 1952 年为基年的资本存量估算的研究中, 都需要猜测 1952 年年末的资本存量, 而且各文献所对应的口径也不一致. 如以 1952 年价格为不变价格, 贺菊煌 (1992) (508 亿元)、Chow (1993) (1750 亿元)、王小鲁和樊纲 (2000) (1600 亿元)、张军和章元 (2003) (800 亿元)、张军等 (2004)(815 亿元)、单豪杰 (2008) (342 亿元) 等纷纷对 1952 年的资本存量进行了猜测; 而 Holz (2006) 以 2000 年价格为基期对 1952 年资本存量的猜测是 2087.54 亿元. 由于随着时间的推移以及未来投资额的不断增加, 基期资本存量 K_0 对后期资本存量的影响会越来越小 (Barro and Martin, 2004), 而且, 李宾 (2011) 所给出的不同基期资本存量下的资本产出比序列表明, K_0 的选取相对来说不那么重要, 而且对 1997 年之后的分析更是如此. 而且现有研究不管采用何种方法猜测 1952 年的资本存量, 其估算的 1978 年的基本存量却基本相同, 因此本研究采用 1978 年为基期, 至于重庆市的数据则从有统计的年份开始计算.

2. 当年新增资本存量 I_t

"中国经济观察" 研究组 (2007) 在对资本回报率进行估测时, 由于固定资产净值的数据比较容易获取, 且在研究期内统计口径一致, 因此直接使用固定资产净值作为资本存量. 但是, 对新增资本存量的估算主要是用全社会固定资产投资或资本形成总额来代替. 固定资产投资是核算资本形成的最基本的资料来源, 根据统计年

鉴的指标解释, 固定资产投资是以货币形式表现的, 在一定时期内建造和购置固定资产的工作量以及与此有关的费用. 由于本研究需要计算的是 8 个社会经济区域中各个省份的全生产率, 因此, 根据统计年鉴中数据的可获取性, 本研究选取全社会固定资产投资来替代投资流量 I_t. 不可否认, 这部分投资中除了新增固定资产外, 还会包括未能在当年形成生产能力的部分, 这可能会导致投资流量的高估, 但是资本存量的计算不是本研究的重点, 因此, 不做创新性的界定.

3. 折旧率 δ 的确定

其实, 在运用永续盘存法对资本存量进行估计的时候, 现有文献的主要争议就是集中在对折旧率的选定上. 王小鲁和樊纲 (2000) 采用了 5% 的折旧率; 宋海岩等 (2003) 假设资本的物理折旧程度与经济增长成正比, 因而, 将实际折旧率定义为官方公布的 3.16% 名义折旧率加经济增长率; 而 Chow (1993) 则利用公式 "折旧额 = 国内生产总值 – 国民收入 + 补贴 – 间接税" 来计算 1978—1993 年的折旧额. 研究发现, "折旧率设定的大小与不同基年资本存量设定下的总资本存量估值差额成反比"(范巧, 2012, 47). 李宾 (2011) 通过比较分析也发现在进行资本存量估算时, 折旧率的设定对资本存量估算结果的影响较大, 并且发现在其他条件相同的情况下, 基于 5% 和 10% 的折旧率所估算的资本存量的结果会相差大约 50%. 加之, 根据现有的统计资料难以估算各个省份的折旧率, 综上, 本研究的资产折旧率选取单豪杰 (2008) 表 2 中所给出的年折旧率. 从其给出的年折旧率来看, 其趋势是逐步趋于平稳的, 尤其是 1997 年之后, 年折旧率在 10.51—10.69 波动, 因此, 2006 年之后的折旧率, 本研究采用的是 1997—2006 年的平均值, 即 10.59%.

5.1.2　人力资本存量的估算

人力资本的投资和积累是经济持续增长的重要基础, 因此, 充分培育和利用好我国的劳动力资源是关系到我国经济转型能否成功的问题, 更是实现经济持续发展的重要保障.

作为重要的生产要素, 劳动力投入与资本投入一样被看作经济增长的重要源泉, 对经济增长分析及生产率分析的作用非常大. 不可否认, 长期以来, 我国经济增长的主要推动力是物质资本 (王德劲, 2007), 但是随着知识经济的到来, 以及我国 "劳动力短缺" 和人口 "老龄化" 问题的不断加重, 人力资本的作用会越来越重要. 众所周知, 虽然我国是一个劳动力大国, 拥有世界上最大的人力资本, 但我国的劳动力人口的素质较低, 产出率很低. 王艾青和安立仁 (2004) 的研究也表明, 尽管人口受教育程度在不断提高, 2008 年我国人力资本平均受教育年限已达到 8 年, 但这一数值却远远低于 20 世纪 90 年代的美国 (13.3 年)、韩国 (12.4 年) 及日本 (10.6 年). 因此, 在运用劳动力这一要素对经济及生产率问题进行分析的时候, 有必要对现有的人口统计指标进行调整, 仅仅使用就业人员总数会低估劳动力要素在经济增长及生产率变化中的作用.

当前有关人力资本存量估算的研究很多, 主要方法有人均受教育年限法 (Barro and Lee, 1993) 和收入法 (Mulligan and Sala-i-Martin, 1997) 两种, 受教育年限法可以排除价格因素的影响, 而且比较容易操作, 因而得到了广泛的运用. 云伟宏 (2009) 的实证研究表明, 教育年限法与中国的实际情况更加吻合. 人均受教育年限的概念是指某人口群体人均接受学历教育 (包括成人学历教育但是不包括各种非学历培训) 的年数 (刘巍, 2003), 即某一人口群体中每个人受教育年限之和与该人口群体总人数之比, 这一指标反映了受教育的总体水平. 具体公式可以表示为

$$\overline{y} = \frac{E}{P} = \frac{\sum P_i E_i}{P} = \frac{\sum P_i e^{uE_i}}{P} \tag{5.2}$$

其中, E 是某一类人口群体中受教育年限之和, P 是该人口群体的总人数; P_i 是具有 i 种文化程度的人口数, E_i 是具有 i 种文化程度的人口受教育年数, 一般来说 i 是根据中国的学制来确定的, 分为大学专科及以上 (16 年)、高中 (12 年)、初中 (9 年)、小学 (6 年) 及文盲半文盲 (0 年), 劳动者的差别只在于其受教育年限的不同, 而且假定劳动者的人力资本完全取决于教育回报函数; 综合 Bils 和 Klenow (2000) 对 52 个国家 μ 值的计算, 本研究中我们将 μ 值定为 10% 来计算中国的人力资本存量. 那么, 经过调整的人力资本存量公式为

$$H_t = \sum_j \overline{y}_j P_j \tag{5.3}$$

其中, H_t 为第 t 年的人力资本总量; P_j 为各地区就业人员总数; 实际上, "干中学"、人口结构的年龄变动及在职培训等也会影响人均受教育年限, 从而对劳动力的估算产生影响, 而且这一方法忽视了教育质量的问题, 不能反映出不同教育阶段对劳动力质量水平的影响, 但是由于当前这些研究大都是宏观层面时间序列相关的研究, 而且由于统计资料的不完善的问题, 不适合进行省份等微观层面的研究, 因此本研究不对这一方法存在的问题及改进做深入的探讨. 但是, 为了更加符合实际地计算人力资本在生产率改进中的作用, 本研究运用公式 (5.3) 粗略地对我国整体的受教育年限进行测算, 然后秉承教育程度越高, 劳动力在劳动中积累经验和接受新技术、新知识的能力越高, 收入也会越来越高的原则 (Ben-Porath, 1967), 本研究采用计算的受教育年限对 8 个社会经济区域的劳动力指标进行估算. 不可否认, 这一测算方法并不完美, 只是一个粗略的计算, 不仅可能会高估西部及不发达地区的劳动力投入, 而且可能会弱化发达地区的劳动力投入.

5.2　数　据　描　述

中国传统的东、中、西部的划分方法存在诸多弊端, 不利于深入分析地区差异, 国务院发展研究中心发展战略和区域经济研究部于 2003 年在《中国 (大陆) 区域经济社会发展特征分析》的报告中提出了划分中国 (大陆) 区域的一种新方法, 这一方法把中国 22 个省 (台湾省除外)、4 个直辖市、5 个自治区 (西藏自治区除外①) 分为 8 个地区, 详见表 5-1. 根据这一划分, 本研究以中国 30 个省、市、自治区, 8 个经济社会区域为研究对象, 分别对其 1997—2011 年的发展状况进行效率和生产率测度.

表 5-1　中国 8 个地区分类

地区分类	包含的具体地区
北部沿海地区	北京、天津、河北、山东
东北地区	辽宁、吉林、黑龙江
东部沿海地区	上海、江苏、浙江
南部沿海地区	福建、广东、海南
长江中游地区	湖北、湖南、江西、安徽
西南地区	云南、贵州、四川、重庆、广西
大西北地区	甘肃、青海、西藏、新疆、宁夏
黄河中游地区	陕西、山西、河南、内蒙古

本研究所用相关变量的描述如表 5-2 所示. 数据显示, 作为我国最为富庶、经济实力最强以及市场前景最大的东部沿海地区, 在研究期 (1997—2011) 内其人均 GDP 也最高 (3.53 万元), 但是在选取的 15 年内, 其增长率却是最低的, 只有 12.42%, 其中上海地区的增长率最低 (9.7%); 而增长率最高的却是黄河中游地区 (16.18%), 其中内蒙古的增长率最高 (19.16%); 就平均资本存量来说, 三个沿海地区明显高于其他地区, 东部沿海地区的最高 (12349.44 亿元); 然而, 就其增长速度来说, 黄河中游地区 (24.07%)、西南地区 (23.28%)、长江中游地区 (22.7%) 及东北地区 (21.96%) 的增长率均大于全国的均值, 其中增速最快的地区是黄河中游地区 (24.07%), 这说明我国开发中西部地区的决心很大, 正在逐步引导企业加大对这些地区的投资; 在人力资本存量方面, 就其存量来说, 最高的地区是北部沿海 (6974.78 万人), 其次是长江中游地区 (1198.73 万人), 而且这一地区的增速也是最快的 (3.1%), 这从某种程度上反映了长江中游地区在开发过程中有良好的人才优势, 加上对其进行的资本投资, 这一地区有可能会成为中国经济增长的新的支撑点. 但是东北地区的人力

---

① 西藏地区数据缺失比较严重, 鉴于其在 GDP 及我国经济增长中所占比例比较少, 因此本研究没有包含西藏地区的数据.

表 5-2 全生产率相关的投入产出变量的描述：1997—2011 年

变量		北部沿海地区	东北地区	东部沿海地区	南部沿海地区	长江中游地区	西南地区	大西北地区	黄河中游地区	均值	标准差	极小值	极大值
人均 GDP (万元)	水平	2.92	1.73	3.53	1.94	1.15	0.95	1.13	1.41	1.76	1.07	0.60	5.19
	增长率	13.38	13.23	12.42	12.50	14.62	14.13	14.26	16.18	13.96	1.76	9.70	19.16
就业率 (%)	水平	99.40	99.44	99.37	99.46	99.37	99.33	99.42	99.39	99.39	0.06	99.30	99.51
	增长率	0.57	-0.12	0.63	0.43	0.37	0.50	0.70	0.34	0.44	0.47	-0.54	1.53
资本存量 (亿元)	水平	18743.49	12349.44	25496.00	14954.41	12044.11	9134.47	3429.83	11843.67	12943.87	8986.23	1550.17	34478.63
	增长率	19.68	21.96	16.58	16.96	22.70	23.28	21.00	24.07	21.09	3.76	10.95	30.39
人力资本存量 (万人)	水平	6974.78	815.45	1098.32	797.05	1198.73	855.64	352.94	969.83	1679.86	4578.39	37.70	25780.87
	增长率	1.50	-2.17	0.04	0.56	3.10	1.55	0.39	1.49	0.97	2.12	-2.95	6.60
废水排放量 (亿吨)	水平	7.21	5.86	19.82	9.24	8.39	7.11	1.91	5.55	7.75	7.26	0.59	36.74
	增长率	-0.44	-1.56	1.02	4.34	-0.24	-0.35	2.71	1.67	0.81	3.84	-9.78	9.23
化学需氧量 (万吨)	水平	21.79	18.55	20.73	12.75	17.99	27.26	7.79	20.07	18.77	14.66	1.69	56.65
	增长率	-9.52	-6.75	-4.68	-3.29	-3.05	-3.23	7.44	-1.97	-2.96	6.17	-14.04	18.58
工业废气 (亿标立方米)	水平	15094.49	9930.88	13444.98	7133.03	7766.65	7400.37	3713.42	12835.39	9538.94	6638.98	815.37	28935.19
	增长率	11.50	8.26	12.53	14.50	14.72	13.43	15.58	14.72	13.30	3.58	2.77	18.17
工业 SO₂ (万吨)	水平	75.33	46.96	69.78	42.68	50.58	67.57	26.89	92.83	59.95	37.02	2.24	152.57
	增长率	-1.58	3.58	-0.34	5.67	3.81	2.61	7.91	4.56	3.28	4.02	-8.45	12.67
工业烟粉尘 (万吨)	水平	58.36	57.90	42.15	31.14	64.15	56.00	21.63	91.30	53.84	34.95	2.52	127.98
	增长率	-3.49	-1.92	-2.23	-4.89	-0.67	-1.81	1.76	-0.24	-1.56	3.58	-11.54	4.39
固体废弃物	水平	55.83	22.74	3.62	12.27	29.94	183.12	34.80	159.92	71.78	109.40	0.03	512.43
	增长率	-82.16	-39.02	-44.13	-2.97	-26.93	-11.78	-8.86	-13.79	-28.14	37.60	-100.00	15.35
电力消费总量 (亿千瓦时)	水平	1078.99	687.08	1501.67	1093.69	624.75	582.80	341.80	882.52	815.78	576.47	84.08	2446.26
	增长率	9.64	5.87	11.33	11.81	9.50	11.98	13.01	11.74	10.75	3.11	4.40	19.17

续表

变量	地区	北部沿海地区	东北地区	东部沿海地区	南部沿海地区	长江中游地区	西南地区	大西北地区	黄河中游地区	均值	标准差	极小值	极大值
能源消费总量 (亿吨标准煤)	水平	1.20	0.93	1.14	0.77	0.72	0.64	0.33	0.98	0.82	0.50	0.08	2.09
	增长率	8.03	5.51	8.33	10.32	7.92	7.92	9.82	9.47	8.43	2.13	4.39	13.03
污染治理投资 (亿元)	水平	18.15	10.34	15.01	11.98	7.76	6.87	4.16	13.53	10.69	8.46	0.58	42.83
	增长率	9.90	7.50	6.13	18.93	10.65	16.30	24.75	22.21	14.98	9.58	-7.32	35.69
职工平均工资 (万元)	水平	2.02	1.29	2.33	1.67	1.30	1.45	1.58	1.40	1.61	0.46	1.16	3.06
	增长率	12.43	11.79	11.99	10.89	12.42	12.25	11.64	13.32	12.15	1.01	9.92	13.94
财政教育经费 (亿元)	水平	223.83	157.48	298.64	219.07	159.08	154.64	69.30	163.19	175.35	98.70	29.53	458.45
	增长率	14.22	13.01	14.13	15.49	14.97	16.86	18.02	16.56	15.58	2.15	11.14	20.70
床位数 (万张)	水平	18.69	20.28	17.88	13.11	20.29	17.24	8.27	20.11	16.98	8.66	3.33	33.41
	增长率	3.07	1.53	3.81	3.23	3.51	4.36	3.75	3.42	3.42	1.21	0.58	5.43
卫生人员数	水平	24.64	22.12	24.52	19.10	23.63	17.60	7.17	22.70	19.93	10.96	2.66	42.93
	增长率	4.81	2.56	4.92	5.66	4.58	5.13	4.32	4.95	4.66	1.26	2.18	6.91
人均支配收入 (万元)	水平	1.30	0.90	1.60	1.23	0.93	0.96	0.84	0.92	1.06	0.29	0.80	1.89
	增长率	10.57	10.79	11.08	9.67	10.34	9.71	10.28	11.64	10.48	0.89	8.52	12.46

资本存量却出现了负增长 (−2.17%), 而且其就业率也出现了负增长 (−0.12%), 这说明该地区人才相对比较匮乏, 要振兴东北工业基地, 还需要加强政策对人才流向的引导.

在环境方面, 三个沿海地区的电力和能源的消耗较大, 这应该与我国早期优先发展沿海地区的开放政策及粗放式的增长模式相关, 随着经济的增长, 随后相应的环境污染治理投资也比较大, 其中以北部沿海 (18.15 亿元) 和东部沿海 (15.01) 为最高, 但是沿海地区污染治理投资的速度较低, 尤其是北部沿海地区 (9.9%) 和东部沿海地区 (6.13%), 虽然增长率与投资的基数相关, 但是这也从一定程度上反映这些地区污染治理步伐的放缓, 需要引起相关部门的重视. 此外, 黄河中游的污染治理投资高达 13.53 亿元, 而且其增长率也高达 22.21%, 这说明这一地区在增长的过程中比较注重环境的保护; 值得庆幸的是, 我国大部分地区在污染排放方面都出现了不同程度的负增长. 虽然大西北地区的工业废水, 废水中的化学需氧量、工业废气, 工业 SO_2 以及烟粉尘排放都很低, 但是却分别在以 2.71%, 7.44%, 15.58%, 7.91%和 1.76%的速度高速增长着, 这在理论上表明大西北地区有可能在承接着沿海发达地区的高污染项目, 应尽快采取应对措施, 尽量注重环境治理的前期预防, 而不能完全依靠末端治理.

最后, 本研究从居民可支配收入、职工工资、教育和医疗等方面来考察了社会福利水平. 沿海地区的就业人员平均工资和居民消费水平比较高, 尤其以东部沿海地区最高 (分别为 2.33 万元和 1.60 万元), 但是其增长速度却不是很快, 南部沿海地区增长最慢 (分别为 10.89%和 9.61%); 国家财政性教育经费也主要向沿海地区倾斜, 但是中西部地区也在逐步增长中; 在卫生医疗方面, 大西北地区的医疗条件最差, 医疗机构床位数和卫生人员数都是全国最低的.

5.3 实证分析结果

由图 4-3 可知, 虽然运用第 4 章给出的实证分析方法可以构建最优前沿面, 但是, 跨期距离方程的计算可能会存在困难, 即出现线性规划无解的情况, 因为 $t+1$ 期的观测点有可能不在 t 期的生产可能性边界之内, 反之亦然. 为了减少线性规划问题无解的情况, 根据 Färe 等 (2001) 和 Kumar (2006) 的研究, 本研究采用连续三年的数据来构建生产可能性前沿面, 如 2011 年的前沿面是由 2009—2011 年三年的数据来构建的, 以此类推. 此外, 由于 Malmquist-Luenberger 生产率指数的计算公式是乘积形式的, 因此在计算平均生产率指数的时候采用的都是几何平均数, 这一指数值大于 (小于)1 意味着相应生产率表现的改进 (恶化). 为了便于比较, 根据第 3 章给出的环境和福利导向生产率的概念及相应的指标, 本研究分别计算了传统的生产率指数 (M 指数)、环境导向的生产率指数 (MLE 指数)、福利导向的生产率指

数 (MLW 指数) 以及全生产率指数 (ML 指数, 包含了环境资源的使用、环境保护支出、社会福利投入以及环境污染不良产出的生产率), 4 种生产率指数及其分解值的年均变化详见表 5-3.

表 5-3　ML 指数、M 指数、环境 ML 指数和福利 ML 指数及其分解

地区	全生产率			M 指数			环境导向的生产率			福利导向的生产率		
	EFCH	TECH	ML	EFCH	TECH	M	EFCH	TECH	MLE	EFCH	TECH	MLW
北京	1.001	1.003	1.004	0.896	1.162	1.041	1.002	1.061	1.063	1.006	0.929	0.934
天津	1.000	1.025	1.025	0.884	1.243	1.099	1.000	1.025	1.025	0.981	0.939	0.921
河北	1.003	1.089	1.092	0.860	1.242	1.068	1.043	0.976	1.018	0.989	0.923	0.913
山西	1.000	1.177	1.177	0.873	1.050	0.916	1.008	1.160	1.170	0.991	0.905	0.897
内蒙古	1.000	1.221	1.221	0.882	1.130	0.997	0.999	1.203	1.202	0.985	0.893	0.880
辽宁	1.000	0.987	0.987	1.121	1.167	1.307	1.000	0.934	0.934	1.011	1.112	1.124
吉林	1.002	1.074	1.076	0.869	1.072	0.931	0.992	1.091	1.082	1.006	0.891	0.896
黑龙江	0.989	1.082	1.071	0.895	1.050	0.940	0.991	1.054	1.045	1.000	0.897	0.897
上海	1.000	1.017	1.017	0.891	1.251	1.115	1.000	1.090	1.090	0.948	0.988	0.937
江苏	0.998	1.045	1.043	0.873	1.274	1.113	0.970	1.019	0.988	0.975	0.936	0.913
浙江	0.992	1.018	1.010	0.858	1.217	1.045	1.015	0.999	1.014	0.974	0.960	0.934
安徽	1.004	1.064	1.068	0.850	1.142	0.970	1.043	1.013	1.057	0.986	0.912	0.899
福建	1.014	1.064	1.079	0.867	1.152	0.999	1.023	1.067	1.091	0.985	0.933	0.919
江西	0.970	1.090	1.057	0.852	1.095	0.933	0.966	1.128	1.090	1.000	0.903	0.903
山东	1.000	1.055	1.055	0.859	1.238	1.063	1.002	0.954	0.956	0.986	0.927	0.914
河南	0.983	1.070	1.052	0.860	1.079	0.928	0.983	1.027	1.010	0.995	0.916	0.912
湖北	0.989	1.016	1.005	0.879	1.127	0.991	1.003	1.019	1.022	0.989	0.911	0.900
湖南	0.998	1.057	1.055	0.867	1.111	0.963	0.985	1.109	1.092	0.998	0.912	0.910
广东	1.000	0.966	0.966	0.886	1.181	1.047	1.040	0.910	0.946	0.973	0.966	0.940
广西	1.009	1.220	1.231	0.863	1.105	0.953	1.038	1.205	1.251	0.992	0.912	0.904
海南	1.002	1.095	1.097	0.898	1.147	1.029	1.001	1.123	1.125	1.000	0.890	0.890
重庆	1.000	1.085	1.085	0.838	1.107	0.927	0.971	1.063	1.032	0.989	0.900	0.889
四川	1.006	1.110	1.116	0.869	1.171	1.018	0.994	1.101	1.094	0.989	0.924	0.915
贵州	1.000	1.121	1.121	0.866	1.053	0.913	1.002	1.224	1.226	1.000	0.915	0.915
云南	1.000	1.008	1.008	0.855	1.140	0.975	0.952	1.047	0.997	0.995	0.928	0.923
陕西	0.990	1.037	1.027	0.865	1.064	0.921	0.952	1.093	1.041	0.994	0.918	0.912
甘肃	1.038	0.949	0.985	0.873	1.058	0.924	1.047	0.927	0.971	1.001	0.917	0.918
青海	0.999	1.188	1.187	0.869	1.198	1.041	0.965	1.226	1.183	1.000	0.874	0.874
宁夏	0.985	1.181	1.163	0.856	1.125	0.963	0.978	1.180	1.153	1.000	0.882	0.882
新疆	1.000	1.126	1.127	0.876	1.116	0.978	0.982	1.100	1.079	1.003	0.910	0.913
北部沿海	1.004	1.042	1.046	0.875	1.221	1.068	1.015	1.003	1.018	0.990	0.929	0.920
东北	0.997	1.047	1.044	0.955	1.095	1.046	0.994	1.024	1.018	1.006	0.961	0.967
东部沿海	0.999	1.027	1.025	0.874	1.247	1.091	0.995	1.035	1.030	0.966	0.961	0.928
南部沿海	1.006	1.040	1.046	0.884	1.160	1.025	1.021	1.029	1.051	0.986	0.929	0.916
长江中游	0.990	1.056	1.046	0.862	1.119	0.964	0.999	1.066	1.065	0.993	0.909	0.903
西南	1.003	1.107	1.110	0.858	1.114	0.956	0.991	1.125	1.115	0.993	0.916	0.909
大西北	1.005	1.107	1.113	0.868	1.123	0.976	0.992	1.102	1.093	1.001	0.896	0.897
黄河中游	0.995	1.124	1.118	0.870	1.080	0.940	0.986	1.119	1.103	0.991	0.908	0.900
全国	0.997	1.072	1.069	0.880	1.144	1.007	0.998	1.067	1.066	0.991	0.923	0.915

注: EFCH 和 TECH 分别为效率变化值和技术变化值

5.3.1 生产率指数的比较分析

为了比较本研究所计算的 3 种生产率指数是否明显区别于传统的全要素生产率指数, 本研究首先给出了四种测量所得到的生产率指数及其分解值的核密度图, 详见图 5-1, 其中图 (a) 为生产率变化的核密度图, 图 (b) 和 (c) 分别是效率变化和技术变化的核密度图, 从图 5-1 中我们可以很直观地看到, 除了全生产率指数与环境导向的生产率指数具有比较相似的分布外, 其他的生产率指数及其分解的核密度分布具有明显的不同.

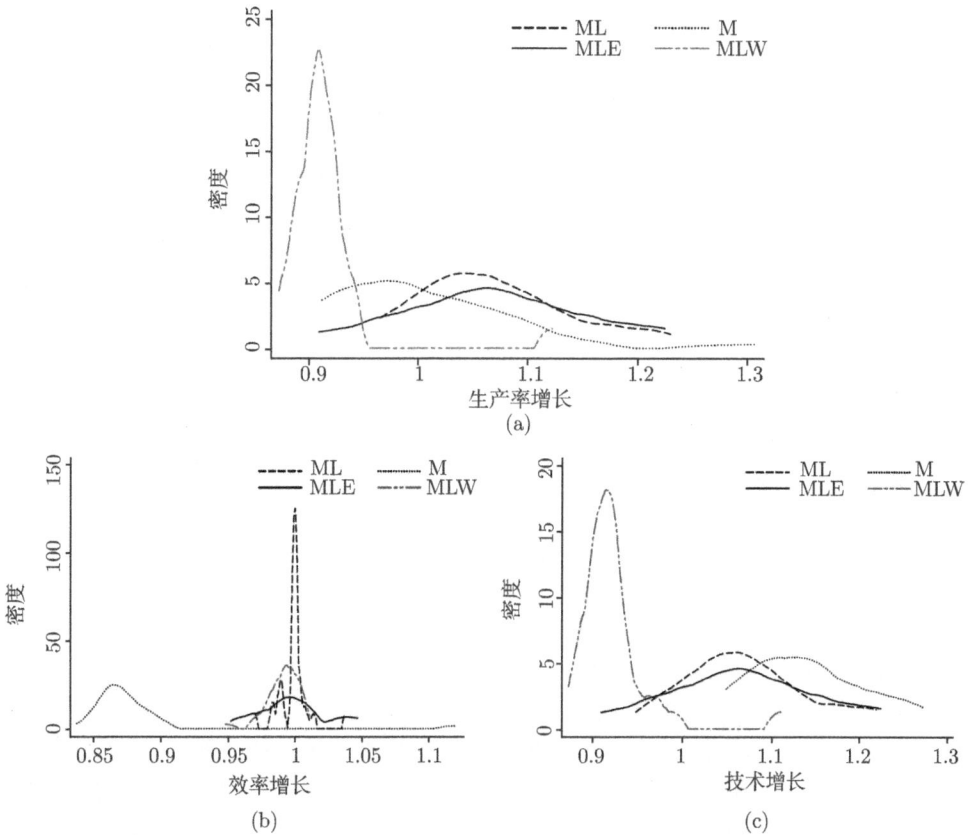

图 5-1 四种生产率指数的生产率增长、效率变化、技术变化核密度图

由于相似的生产率增长分布可能会在不同指数间得到不同的秩, 为了对这一图解进行验证, 接下来, 本研究对 4 种指数进行 Wilcoxon 秩和检验, 以检查本研究所计算的生产率指数是否有显著的差异, 主要目的是比较全生产率指数、环境绩效生产率指数与传统生产率指数, 实证分析结果详见表 5-4. Wilcoxon (Mann-Whitney) 秩和检验适用于配对资料差异的比较, 其基本思想是把观测值和零假设的中心位置

之差的绝对值的秩分别按照不同的符号相加作为检验统计量 (罗亚非等, 2010), 对于 0.1 的显著性水平, 如果检验的 p 值小于 0.1, 则拒绝原假设, 认为两个样本有显著差异. 由表 5-4(a) 可以看出, 在 1%的显著水平拒绝了全生产率指数和传统生产率指数有相同秩的假设, 这意味着两种生产率指数有不同的秩, 这说明当不良产出包含在生产率分析的时候, 决策单元的秩会改变, 即两种测量方法具有显著性的差别, 这一测量方法的不同模式可以在核密度图 (图 5-1) 中看出; 效率变化和技术变化的比较详见表 5-4(b), (c), 结果表明两种指数的技术变化和效率变化是有显著差异的, 这也与核密度的结果一致. 核密度图和秩和检验的结果表明, 我们要拒绝原假设, 即认为 4 种生产率指数的两个分解部分是不一样的, 二者的差距主要是因为全生产率指数和环境绩效生产率指数所包含的不良产出会产生负的外部性.

表 5-4　　Wilcoxon 秩和检验结果(H_0: 两种测量方法有相同的秩)

		M	MLE	MLW
(a) 生产率变化	ML M MLE	3.718(0.000)	0.244(0.807) −3.120(0.002)	6.299(0.000) 5.538(0.000) 6.270(0.000)
(b) 技术变化	ML M MLE	−3.489(0.001)	−0.030(0.976) 3.282(0.001)	6.232(0.000) 6.491(0.000) 5.781(0.000)
(c) 效率变化	ML M MLE	6.230(0.000)	0.260(0.795) −6.211(0.000)	2.357(0.018) −6.215(0.000) 1.089(0.276)

注: ML, M, MLE, MLW 分别是本研究计算的全生产率指数、传统的 M 指数、环境导向的生产率指数和福利导向的生产率指数

表中数字为 z 检验统计量, 括号中为 1%水平 p 值

　　此外, 本研究还测量了所计算的其他三种指数之间的关系, 结果如表 5-4 所示. 检验结果表明, 除了全生产率指数与环境绩效生产率指数具有某种程度的相似性之外, 其他各指数之间是有明显差别的, 这可能是因为在不同测量方法下构建的生产前沿面是不同的. 总之, 全生产率指数及其分解均不同于传统的生产率指数, 并且与福利导向的生产率指数也是不同的, 因此, 有理由相信这一新的测量方法具有自身的特点, 并且所选取的指标具有一定的代表性.

5.3.2　生产率指数的收敛性分析①

　　为了进一步揭示区域生产率的变化, 本研究对各地区之间的差异性变化进行 σ-收敛和绝对 β-收敛性分析.

------

①收敛性 (Convergence) 分析是指在封闭条件下, 对于一个有效经济范围的不同决策单元, 初期的静态指标与其增长速度之间存在负相关关系, 即落后地区比发达地区的增长率更高, 从而使得各决策单元初期的静态指标差异逐步消失的过程.

1. σ-收敛性分析

σ-收敛用来分析决策单元生产率指数的标准差分布情况, 当决策单元 (在本研究中是指 8 个社会经济区域) 生产率指数的标准差随着时间逐渐减少时, 我们认为存在 σ-收敛, 这表明决策单元的生产率水平越来越接近, 差距也逐渐减少, 图 5-2 和图 5-3 分别给出了 8 个地区 4 种生产率指数的收敛情况. 其中, 图 5-2 是 8 个地区和全国全生产率指数和传统生产率指数的标准差, 图中显示了全国的全生产率指数整体上是 σ-收敛的, 即全国范围内的差距在逐渐缩小. 除了东部沿海和黄河中游地区有较大波动之外, 8 个地区的传统生产率指数收敛性比较明显, 这说明按照传统的测量方法, 各地区内部的发展差距正在逐步缩小. 但是, 全生产率指数收敛趋势很不明显, 而且其波动明显大于传统的生产率指数, 大西北地区则呈现出一定的发散趋势, 这一特征表明当前我国地区间发展差距还是很明显的, 这种差距主要体现在生态环境和社会福利上.

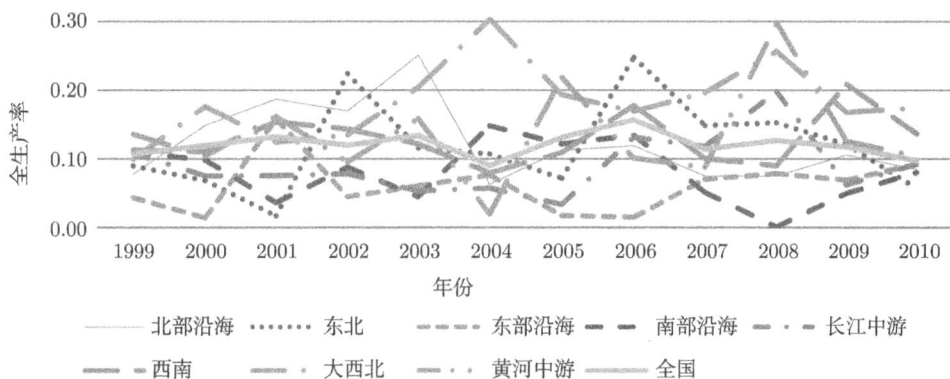

(a) 全生产率指数σ-收敛性分析

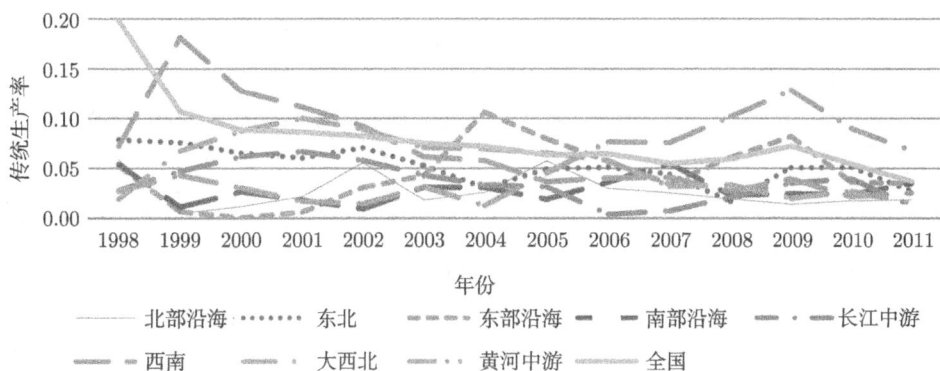

(b) 传统生产率指数σ-收敛性分析

图 5-2　传统生产率指数和全生产率指数的 σ-收敛性分析

　　图 5-3 是 8 个地区和全国环境和福利导向的生产率指数的标准差, 图中显示了
全国环境和福利导向的生产率指数虽然有很大的波动, 但是整体来看是 σ-收敛的,
除了大西北地区发散趋势比较明显外, 其他 7 个地区虽然波动幅度很大, 但是也略
有收敛趋势. 这说明如果将环境等不良产出因素加入到生产率的测量中, 各地区内
部的发展差距还是非常明显的. 就福利导向的生产率来看, 在 2009 年左右似乎具
有一定的收敛, 除了西南地区、大西北地区以及黄河中游地区收敛趋势比较明显外,
其他地区均不具有明显的收敛性, 这说明这些经济快速增长的地区, 虽然取得了经
济绩效的快速发展, 但是这些地区的发展也在一定程度上削弱了总体的社会福利水
平, 因此必须要尽快进行经济结构的转型与升级, 以实现经济和社会的可持续快速
发展, 否则会陷入低水平的重复建设, 最终也会影响到所在地区社会总体福利的提
升.

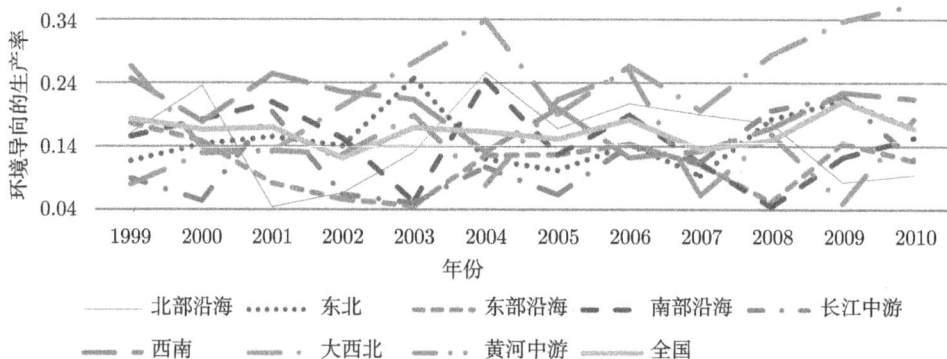

(a) 环境导向的生产率指数 σ–收敛性分析

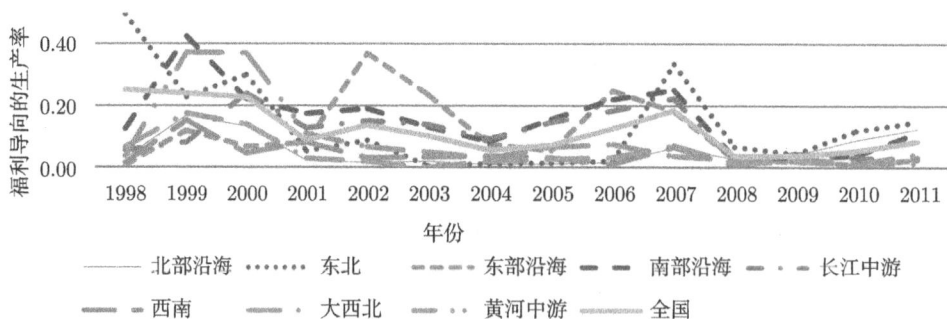

(b) 福利导向的生产率指数 σ–收敛性分析

图 5-3　环境和福利导向的生产率指数的 σ-收敛性分析

从图 5-2 和图 5-3 中我们还发现一个现象, 西南和大西北地区的全生产率和环境绩效生产率指数不仅高于沿海等经济比较发达的地区, 而且高于全国平均水平, 这说明这些地区虽然在经济上发展比较落后, 各地区内部之间差距比较大, 但是这些地区的 σ-收敛又表明这种收入差距在缩小, 即考虑环境因素之后, 这些地区的发展具有明显的优势.

2. 绝对 β-收敛性分析

绝对 β-收敛指每个决策单元的生产率都会达到完全相同的稳态增长速度和增长水平, 是生产率发展落后地区对先进地区的追赶速度. 我国的节能减排政策始于"十一五", 因此, 以 2005 年为界本研究将样本数据划分为两个时间段, 即 1999—2005 年和 2006—2010 年, 生产率指数值是相应时间段的几何平均值. 本研究运用单方程的绝对 β-收敛对本研究所计算的 4 种生产率指数进行区域和时间分析, 以全生产率指数为例, 回归模型如公式 (5.4) 所示.

$$(\ln ML_{i,t} - \ln ML_{i,0})/6 = \alpha + \beta \ln (ML_{i,0}) + \varepsilon \tag{5.4}$$

其中, $(\ln ML_{i,t} - \ln ML_{i,0})$ 表示基期到 t 期 i 地区生产率指数的变化, 两个时间段中点相隔 6 年, 因此, 每年的平均增长速度就是对数值的差除以 6; α 为截距项, β 为基期 i 地区生产率指数的系数, ε 为随机扰动项; β 为负表示地区生产率指数的增长率与初始水平存在反方向关系, 即有收敛性, 反之亦然. 根据 Mankiw 等 (1992) 的研究, 收敛速度 λ 计算方法如公式 (5.5) 所示.

$$\beta = \frac{1 - e^{-\lambda t}}{\tau}, \quad \tau = 6 \tag{5.5}$$

首先, 从不同阶段生产率指数的收敛性 (表 5-5) 来看, 除了全生产率指数在 1999—2005 年内 β 值不显著外, 在其他阶段, 各个指数的 β 均为负数, 并且全部在 1%水平显著, 这表明我国全生产率指数存在收敛的趋势, β 值越大表明收敛速度越快. 由表 5-5 可以清楚地看出, 传统的 M 指数由于没有包括能源投入、环境治理投资等投入以及环境污染排放这一不良产出, 所以, 在节能减排政策实施的前后两个时期内, 其 β 值基本没有变化. 但是全生产率指数的值在两个时期却有明显的区别, 而且在 1999—2005 年, 这一指数值是不显著的. 段美宁等 (2011) 把 GDP 和二氧化硫排放作为理想和不良产出对中国经济发展质量进行了评价. 但是, 与他们的研究结果不同的是, 本研究发现增加环境污染不良产出指标后, 节能减排政策的实施使得环境导向生产率指数的收敛速度加快了, 这可以认为是我国对环境问题的治理取得了一定成效的迹象. 更重要的是, 本研究认为可以看作是对环境治理与经济增长不相容这一传统观念的反驳, 从这一结论可以看出, 合理的环境治理措施不仅不会挤占经济增长的投资, 而且会对经济的发展起到促进作用. 最后, 本研究选取的福利绩效相关的指标与节能减排政策的实施并无直接关系, 因此只需要关注其在全部时期内的 β 值 (0.057). 从这一数值来看, 我国福利水平收敛速度很慢, 由表 5-6 关于各地区收敛来看, 我国各地区社会福利水平的发展很不平衡, 只有北部沿海和西南地区具有显著的收敛性, 我国整体的福利水平还有待提高.

表 5-5   不同阶段生产率指数的收敛性结果, OLS 回归[①]

		1999(8)—2005	2006—2010(1)	全部时期
ML	β 值	−0.047	−0.178***	−0.066***
	t 值	−1.594	−6.255	−4.242
	R^2	0.083	0.583	0.391
	收敛速度	0.055	0.311	0.118
M	β 值	−0.124***	−0.126***	−0.071***
	t 值	54.499	−7.431	−91.119
	R^2	0.991	0.664	0.997
	收敛速度	0.289	0.199	0.197
MLE	β 值	−0.110***	−0.181***	−0.183***
	t 值	−5.044	−4.752	−4.764
	R^2	0.476	0.446	0.448
	收敛速度	0.180	0.322	−0.001
MLW	β 值	−0.119***	−0.113***	−0.057***
	t 值	−21.858	−5.107	−15.402
	R^2	0.945	0.482	0.894
	收敛速度	/	/	0.104

* 表示 10%水平显著; ** 表示 5%水平显著; *** 表示 1%水平显著; /表示无法计算收敛速度

其次, 表 5-6 给出了不同地区生产率指数的收敛性结果, 从回归系数的显著性水平来看, 我国整体的全生产率指数、传统的 M 指数, 以及环境导向的生产率指数是显著收敛的, 说明在全国范围内, 这些生产率指数的差距正在逐渐减少, 收敛速度分别为每年 0.5%, 26.7%和 2.2%. 从这一收敛速度我们能够很明显地看出, 全生产率指数、环境绩效生产率指数由于包括了环境污染不良产出, 其收敛速度也明显低于传统的 M 指数. 由此看出, 传统的生产率测量方法只关注经济的增长, 这会导致对经济增长速度的过高估计, 也会忽视其他因素的作用, 进而误导经济和社会的发展. 此外, 全生产率不仅包含了不良产出, 而且还包含了与社会福利相关的投入, 因此, 其收敛速度也明显低于单纯包含环境污染不良产出的环境导向生产率, 这表明, 包含了不良产出和社会福利投入之后, 我国经济增长的速度会降低很多. 分地区来看, 南部沿海和大西北地区的环境导向生产率指数在 10%显著性水平上收敛,

---

①由于采用的计算方法不同, M 指数和 MLW 指数的计算区间是 1998—2011 年, 为了更好地利用原始数据及计算结果, 本研究对这两种指数的收敛性检验的时间区间是 1998—2011 年

这说明纳入环境不良产出因素之后，这两个地区的增长速度更快，即这两个地区环境保护措施或者说环境质量比较高；而北部沿海和西南地区的福利导向生产率指数在 5%显著水平上收敛，这说明纳入福利因素之后，这两个地区的发展速度更快了，即这两个地区人民生活的整体质量比较高. 但是，8 个地区的全生产率指数均不具有收敛性，可以认为加入生态环境和社会福利因素之后，这 8 个地区的经济发展各具特点，这也可能与本研究指标的选取存在偏差有一定的关系，需进一步的研究探讨.

表 5-6 不同地区生产率指数的收敛性结果，OLS 回归

		北部沿海	东北	东部沿海	南部沿海	长江中游	西南	大西北	黄河中游	全国
ML	β 值	−0.161	0.067	−0.203	−0.039	0.183	0.001	−0.068	−0.008	−0.043*
	t 值	−2.396	0.237	−5.622	−5.025	0.576	0.009	−2.277	−1.44	−1.916
	R^2	0.742	0.053	0.969	0.962	0.142	0	0.722	0.010	0.116
	收敛速度	0.564	−0.056	/	0.044	−0.123	−0.001	0.087	0.008	0.050
M	β 值	−0.101*	−0.152**	0.033	0.014	−0.175*	−0.193*	−0.115*	−0.195	−0.133***
	t 值	−2.875	−29.13	0.416	0.109	−3.312	−6.467	−4.180	−0.243	−10.24
	R^2	0.805	0.999	0.147	0.012	0.846	0.933	0.897	0.029	0.789
	收敛速度	0.155	0.405	−0.030	−0.013			0.195		0.267
MLE	β 值	−0.128	0.434	0.041	−0.076*	−0.179	−0.032	−0.116*	0.049	−0.053**
	t 值	−1.477	3.608	0.142	−7.142	−2.166	−1.131	−3.023	0.532	−2.218
	R^2	0.522	0.929	0.020	0.981	0.701	0.299	0.820	0.124	0.149
	收敛速度		0.007	−0.049	0.101	/	0.129	−0.065	0.002	0.022
MLW	β 值	−0.605**	−0.007	0.057	−0.076	−0.198	−0.090**	0.079	−0.002	−0.021
	t 值	−24.51	−0.451	0.383	−1.388	−0.225	−3.857	1.803	−0.060	−1.011
	R^2	0.997	0.169	0.128	0.658	0.025	0.832	0.619	0.002	0.035
	收敛速度	0.244	−0.214	−0.037	0.101	/	0.036	0.198	−0.043	0.063

注：* 表示 10%水平显著；** 表示 5%水平显著；*** 表示 1%水平显著；/表示无法计算收敛速度

5.3.3 地区异质性

根据第 4 章给出的方向性距离函数，表 5-3 给出了 Malmquist-Luenberger 生产率指数、传统生产率指数，以及环境和福利导向的生产率指数及其各自分解值的年均变化. 对重庆地区的单独分析表明，这一地区的四种指数均低于四川省，尤其是环境导向的生产率，其福利导向的生产率也低于其他三个直辖市，这一现象说明尽管重庆单独作为一个直辖市，设立时间比较晚，但是其发展模式却不利于社会经济长远的持续发展，因此必须尽快转变增长模式，尤其要更多地关注社会福利水平的改进.

表 5-3 中第二列给出了排除不良产出和生态环境、社会福利相关投入的传统生产率指数，这一数值表明自 1999—2011 年，中国年均全生产率增长约为 0.69%，这一数值远远低于 Zhang 等 (2011) 给出的 4.84%. Zhang 等的研究时期是 1989—2008

年, 而我们的研究则包含了 2008 年金融危机的影响; 而且由于中国没有统一的资本存量的统计数据, 因此, 采用不同的计算方法及折旧率等, 都会影响统计结果; 此外, 本研究还对人口的质量进行了调整, 因此, 我们得到的发展速度比较低. 分地区来看, 东部沿海的传统生产率指数变化最快 (9.1%), 其次是北部沿海 (6.8%), 黄河中游、西南地区、长江中游及大西北地区在研究期内则经历了负的年均生产率变化. 其分解表明, 研究期内我国生产率的改进主要来自于技术的变化 (14.4%), 而效率的变化则出现了衰退, 技术变化最快的地区仍旧是东部沿海地区 (24.7%).

　　随后, 本研究将着重对全生产率指数、环境和福利导向的生产率指数进行分析. 全生产率的年均变化为 6.9%, 其中有 0.3% 的效率变化衰退和 7.2% 的技术变化改进, 其中全生产率指数值高于 Zhang 等的 2.46%. 其原因可以归结为: ①2005 年之后我国才有相应的环境保护法规, 而 Zhang 等的研究期只包含了之后的三年数据, 考虑到环境绩效对经济绩效影响的滞后性, 这必然会使得其测量值偏低; ②环境不良产出指标的选取不同. 除了二氧化硫和废水排放量之外, Zhang 等的研究中根据其他不同的变量计算了一个综合环境因子, 而本研究的所有指标值均来自于原始数据, 这两种处理方法各有优劣, 但是也会对最终结果产生影响, 但是其影响方向还需要进一步的研究. 分地区来看, 当包含环境不良产出之后, 广西的全生产率增长最快 (23.1%), 其次是内蒙古 (22.1%)、青海 (18.7%) 和山西 (17.7%), 其所在的黄河中游、大西北及西南地区也经历了较快的生产率增长; 而广东、甘肃和辽宁则经历了生产率的衰退; 相比之下, 沿海地区虽然经济增长较快, 但是纳入生态环境和社会福利指标之后, 这些地区生产率的增长则排在 8 个地区的后半部分, 这表明沿海地区在发展经济的同时也产生了大量的污染, 并且这些地区的社会福利水平也没有随着经济的快速发展得到快速的改进. 此外, 全生产率的变化仍旧大部分是由技术进步引起的, 除了甘肃、广东和辽宁出现了一定程度的技术衰退之外, 其他地区都出现了技术改进, 但是, 甘肃 (3.8%)、广西 (0.9%) 有了初步的效率变化的改进, 这说明这两个地区在经济发展中更关注效率的改进, 其发展模式值得我们进一步的研究和探讨. 由于本研究的全生产率与环境导向的生产率的差别仅仅在于前者包含了福利相关的投入, 因此二者有很大的相似性, 但是从实证结果来看, 环境导向的生产率增长比较快的地区有广西 (25.1%)、贵州 (22.6%)、内蒙古 (20.2%) 和青海 (18.3%), 这说明贵州虽然比较注重环境的改进, 但是相关的社会福利水平缺失比较严重. 这一结果与 Kumar (2006) 的研究相一致, 即当包含了环境不良产出之后, 经济发展较快的地区具有较低的生产率增长.

　　仅就福利导向的生产率来看, 这一指数的整体表现并不是很好, 在选取的 30 个地区中, 只有辽宁省的福利导向的生产率出现了改进 (12.4%), 其他地区则都出现了不同程度的衰退, 衰退最严重的地区是大西北 (10.3%), 其次是黄河中游 (10%) 和长江中游地区 (9.7%). 这说明人们从快速经济发展中获取的社会福利并没有得到相应的改进, 即人们并未真正享受到经济增长带来的益处. 长江中游地区虽然具有明显的人力资本优势, 但是就其福利导向的生产率来看, 这一地区如果想成为我国经济的增长点, 除了资金和政策导向外, 似乎更需要加强对社会福利的投资和改进.

从整体上来看, 与 Zhang 等 (2011) 对中国 1989—2008 年的研究结果不同, 本研究选取的 30 个省份中, 只有 8 个省份的传统测量方法得到的指数大于全生产率指数, 这 8 个省份中包含了全部东部沿海地区和 3 个北部沿海地区以及东北地区的辽宁和南部沿海的广东, 这说明这些地区生产率的增长被高估了, 也就是说这些地区环境污染程度远远高于其经济的发展程度. 就其他 22 个省份而言, 其研究结果与 Chung 等 (1997)、Hailu 和 Veeman (2001) 和 Färe 等 (2001) 的研究一致, 即当包含环境不良产出之后, 生产率改进变化得更快了. 这是因为政府和企业的环境行为会使得资源从生产领域转向污染减排, 传统的测量方法不仅忽略了投入转向不良产出改进所带来的积极效用, 而且假设这些投入对理想产出的生产无任何正向作用. 实际上, 新的包含社会福利投入及环境污染不良产出的测量方法会逐步提高环境规制的程度, 并且会迫使政府或企业更多地采用现代污染减排技术、清洁的能源和生产过程, 其结果必然可以降低污染排放, 改进生态环境, 从而有利于经济绩效的改进和社会的持续发展[1].

5.4 本章小结

本章利用统计年鉴搜集的数据, 对中国 30 个省份、8 个社会经济区域进行效率测度, 运用窗口分析法构建最优前沿面, 并运用非参数数据包络分析的线性规划模型, 得到了每一个决策单元的 Malmquist-Luenberger 生产率指数及其分解值, 然后对 4 种生产率指数进行 Wilcoxon 检验和收敛性分析. 统计分析结果表明, 从中观区域层面的研究来看, 包含环境不良产出和环境、福利投入的全生产率能够迫使政府或企业更多地采用现代污染减排技术、清洁的能源和生产过程, 其结果必然可以降低污染排放, 改进生态环境, 从而有利于经济绩效的改进. 为此, 在地区及企业微观数据缺失的情况下, 本研究在第 6 章运用 Färe-Primont 指数估算上海市的行业能源效率, 并在第 7 章对现有的企业环境和经济绩效之间关系的研究文献进行搜集和整理, 进而为地区及企业层面全生产率概念的推广提供理论支撑.

---

[1] 关于这一问题的详细论证, 详见本研究第 7 章.

第6章 上海市行业能源效率及增长因素分析

第 5 章的研究表明, 经济发达地区在发展经济的同时也产生了大量的污染, 并且其福利水平也未得到快速的改进. 为此, 本章以经济增长较快的上海地区为研究对象, 估算其行业能源效率, 并对其影响因素进行分析.

研究表明, 经济增长与能源消费之间呈现正相关性, 能源消费量会随着经济的增长而增加 (Chang and Hu, 2010; Narayan and Wong, 2009). 20 世纪 90 年代浦东开发开放以来, 上海经济取得了快速的发展, 但在经历快速经济增长的同时上海的经济发展也伴随着快速的能源消耗以及 CO_2 排放量的增加. 2013 年上海单位 GDP 能耗为 0.545(吨标准煤/万元), 工业增加值能耗更是高达 0.820 吨标准煤/万元. 在当前气候环境情况下, 控制能源消耗已经成为最紧迫的问题, 一个减少能源消费和二氧化碳排放的有效方法就是提高能源效率 (Oikonomou, et al., 2009). 能源生产率和使用效率低就会消耗更多的能源资源, 导致环境问题的不断加剧, 随着时间的推移, 这必然会影响到社会经济的长远持续增长. 因此, 能源效率已经成为非常重要的问题.

6.1 问题的提出

工业部门是能源消费量最大的产业部门, 并且产出超过 70% 的 CO_2 排放 (Wang and Wei, 2014), 2013 年上海市能源消费总量为 11703.67 万吨标准煤, 其中工业为 6322.02 万吨标准煤, 占能源消费总量的 54.02%. 为此, 有学者指出为了降低能源消费量, 要加快向第三产业转型. 但是, 本研究认为, 工业发展与就业率和生产率的提高呈正相关关系, 工业对经济的持续发展具有不可替代的促进作用, 世界各国的发展历史告诉我们, 没有强大的制造业就没有国家和民族的强盛, 工业企业并不是拼不过新兴服务业, 制造业理应成为第三产业发展的基础. 因此, 产业结构调整的重点不应该仅仅是向第三产业转型, 而是工业结构的高端化. 国际金融危机给我们的启示之一就是要始终重视实体经济, 防止过早 "去工业化". 自改革开放以来, 我国实行的是优先发展策略, 因此第二产业内部各个行业部门的能源效率也必然各不相同. 鉴于此, 提高部门能源生产率和使用效率就成为一个具有重要研究意义的问题 (Chang and Hu, 2010; Honma and Hu, 2009).

经济新常态下, 上海面临着转变发展方式和调整产业结构的严峻考验, 方式转变和结构调整的依据成为一个亟须解决的关键问题. 在能源环境约束下, 工业部门的高端化不能仅仅以生产技术为标准, 其能源生产率及其影响因素的研究显得尤为重要 (Wang and Wei, 2014), 这也构成了转变经济发展方式和调整产业结构的一个重要依据. 为此, 本章以上海市 30 个工业企业为研究对象, 运用 Färe-Primont 指数, 估算不同行业部门的能源效率, 并对其影响因素进行分析, 以期为上海市的经济结构调整及跨国企业的投资提供理论依据.

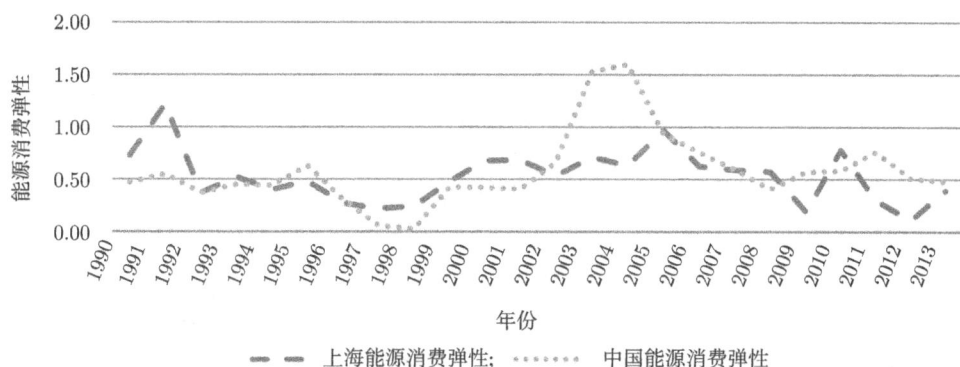

图 6-1　上海和中国的能源消费弹性
数据来源: 上海统计年鉴和中国统计年鉴

6.2　能源效率与生产率的相关研究

随着对能源消费和环境问题的关注越来越多, 能源效率逐步成为理论研究的焦点 (Zhou, et al., 2013). 但是, 能源效率与生产率的研究才刚刚起步, 能源效率也没有一个统一的定义 (Marmolejo-Correa and Gundersen, 2012), 因此其测量方法也就各不相同. 一般来说, 测量能源投入如何被有效利用的指标有两个, 即能源强度和能源弹性. ① 能源强度是国内一次能源使用总量或最终能源使用与国内生产总值之比, 是用于对比不同国家和地区能源综合利用效率的最常用指标之一, 这一指标体现了能源利用的经济效益. 能源强度最常用的计算方法有两种: 一种是单位国内生产总值 (GDP) 所需消耗的能源; 另一种是单位产值所需消耗的能源. 由于其简单和直观, 单位 GDP 能耗成为一个计算能源效率的常见指标 (Ang, 2006); ② 能源弹性即能源消费变化的百分比与 GDP 变化百分比的比值. 这一指标反映了能源发展与社会经济发展的相互适应关系以及发展趋势和规律, 但是容易受到不同地区不同时期经济结构、管理体制、技术、人口等因素的影响, 因此其可比性较低.

根据生产率的定义, 单位 GDP 能耗一般被看作是偏要素能源效率. 因为在这一测量指标中, 能源被看作是单一投入, 能源与其他投入之间的可替代性被忽略了 (Chang and Hu, 2010). 很明显, 有些能源资源是不可替代的, 并且不总是能被劳动、资本或技术替代, 因此, 运用偏要素能源效率来测量能源的使用可能会得到似是而非的结果 (Han, et al., 2007; Hu and Wang, 2006). 鉴于此, 越来越多的学者开始把生产率的概念引入到能源效率的测量上.

随着世界各国对中国及发展中国家发展效率问题的关注, 能源效率的研究也主要集中在发展中国家. Honma 和 Hu (2009) 计算了 1993—2003 年日本地区能源生产率的变化; 运用 4 年的面板数据 Chang 和 Hu (2010) 发现 2000—2004 年, 中国的能源生产率和技术进步实际上下降了, 而能源效率则有所改进; Zhang 等 (2011) 调查了 23 个发展中国家 1980—2005 年的能源效率, 实证结果表明, 在有效的能源政策下中国经历了持续的能源效率增长; 整体来看, 我国能源效率在 20 世纪 80—90 年代呈现持续增加的趋势, 但是从 20 世纪末到 21 世纪初开始, 这一增长趋势已经开始下降 (Zhao, et al., 2010). 以全要素能源效率和 Luenberger 生产率指数为基础, Chang 和 Hu (2010) 评价了中国地区能源生产率的变化. 他们将全要素能源生产率的变化分解为 "追赶效应", 即相关的能源效率和 "创新效应", 即能源使用技术的变化两个部分. 结果表明, 2000—2004 年中国能源生产率以年均 1.4% 的速度下降, 平均全要素能源效率每年增加了 0.6%, 但是全要素能源技术变化以年均 2% 的速度持续下降. 在对我国地区的研究上, Hu 和 Wang (2006) 提出了以最佳实际能源投入计算的全要素能源效率, 并运用这一指标计算了中国 29 个地区 1995—2002 年的能源效率, 研究结果表明地区全要素能源效率与人均国民收入之间存在 U 型关系; 运用 DEA 模型, Xiao 等 (2014) 估算了中国地区部门的全要素能源效率. 在工业和制造业的研究上, 基于省际面板数据 Wei 等 (2007) 用 Malmquist 指数分解法估算了中国钢铁部门的能源效率, 研究结果表明技术进步在提高能源效率上发挥了重要作用; Wang 和 Wei (2014) 运用一种新的 DEA(Data Envelopment Analysis) 分析方法, 评价了 2006—2010 年中国 30 个主要城市工业部门的地区能源效率; 运用非参数前沿模型, Wang 等 (2011) 研究了天津市 1990—2008 年的全要素能源效率及其影响因素. 随着方向性距离函数引入到生产率的测量中, 在能源效率的测量上也出现了一些新的方法, Wang 等 (2013) 把 CO_2 和 SO_2 作为不良产出测量了 2000—2008 年中国 29 个地区的能源和环境效率, 他们的研究结果表明中国的东部地区有最高的能源和环境效率; Rao 等 (2012) 把化学需氧量和 SO_2 作为不良产出, 运用松散的 DEA 模型评估了中国 30 个地区 2000—2009 年的全要素能源效率.

综上, 国内外在能源效率与生产率的研究领域已经取得了一定成果, 但仍然存在着有待进一步改进之处, 已有研究存在的问题主要有:

(1) 从研究内容来看, 学者们都认为在能源短缺和环境恶化的背景下, 提高能源生产率和使用效率刻不容缓. 然而学术界对能源生产率的测量指标和评估方法还缺乏统一认识和深入研究. 国内外有关文献虽然已经开始了关于能源生产率和效率的研究, 但是这些研究主要集中在地区层面或单一地区的研究上, 忽略了能源生产率存在明显的行业差异这一现实状况. 由于行业资源禀赋、技术水平的差异, 行业能源的消耗程度必然各不相同, 因此有必要对行业能源效率进行有效的评价.

(2) 缺乏针对影响行业能源生产率变动的因素研究. 已有文献集中在对能源效率与生产率的估算上, 忽略了对能源生产率变化的影响因素分析.

作为中国最大的经济中心城市, 上海在中国的经济发展中具有极其重要的地位, 因此其能源消费和环境保护问题也备受关注. 由图 6-1 可以看出, 上海的能源消费弹性不总是低于全国的平均水平, 而且其总体变化是不稳定的. 考虑到上海人口数量和经济增长的速度, 笔者认为上海的能源消费量在近期会继续保持较快的增长趋势, 这必然会加大环境保护的压力. 要保持上海经济的持续发展, 除了依靠必要的要素投入之外, 更要考虑资源环境的承载能力和效率提升. 随着第三产业的发展, 上海第二产业在整个经济中的比重有所下降, 但是工业的总量规模和技术水平仍处于上升趋势, 上海第二产业对全市经济增长的贡献率一直徘徊在 50% 左右. 鉴于此, 有必要评价行业的能源生产率, 并寻找其影响因素, 进而为产业的转型升级, 提高能源利用效率提供有用的信息, 并为政策制定者提供可靠的理论依据. 为此, 本研究以上海市工业行业为研究对象, 估算行业能源生产率的变化, 并对能源生产率增长及变化的影响因素进行分析.

6.3　Färe-Primont 生产率指数

本研究运用线性规划方法来计算全要素能源效率, 这一方法是在总量框架下发展起来的, 其中最为常见的是 DEA 线性规划测量方法. DEA 是一种非参数的估计方法, 因为不需要对特定的生产函数进行假设, 所以逐步成为一种评估决策单元效率的强大分析工具. 根据 O'Donnell (2010), Christopher J O'Donnell (2012a, 2012b) 的研究, 本研究计算了上海市 30 个工业行业全要素能源效率的 Färe-Primont 指数, 并运用 Tobit 模型对全要素能源效率的影响因素进行了分析.

6.3.1　效率与生产率分解

假定企业 t 时期的投入和产出向量为 $i_t = (i_{1t}, i_{2t}, \cdots, i_{Kt})^\mathrm{T} \in \Re_+^K$ 和 $q_t = (q_{1t}, q_{2t}, \cdots, q_{Jt})^\mathrm{T} \in \Re_+^J$, 则该企业以总产出和总投入之比表示的全要素生产率 (Jorgenson and Griliches, 1967) 可以表示为 $TFP_t \equiv Q_t/I_t$. 其中, 总产出 $Q_t = Q(q_t)$ 和总投入 $I_t = I(i_t)$ 是非负、非递减的线性齐次函数. 图 6-2 给出了多投入多产出企业产出导向的效率测量图. 假定考察期内, 企业技术是可变的, 企业最初生产处于 A 点, 则该企业在 t 时期的全要素生产率效率, 即企业全要素生产率 (A

点) 与考察期内最优技术下最大全要素生产率 (E 点) 之比为

$$TFPE_t = \frac{TFP_t}{TFP_t^*} = \frac{Q_t/I_t}{Q_t^*/I_t^*} \tag{6.1}$$

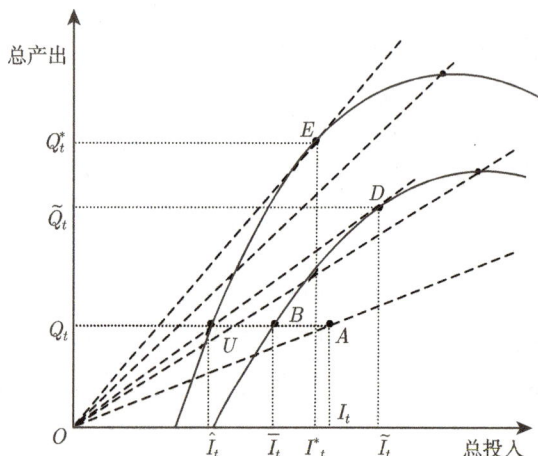

图 6-2　多投入多产出企业的产出导向效率测量

资料来源：Christopher J O'Donnell (2011)

由图 6-2 可知, 点 A 到企业初期的生产前沿面的垂直距离即斜线 OA 到 OC 的距离测量的是该企业技术无效率的程度, 而 OC 与考察期内最优全要素生产率点 OE 之间的距离测量的是企业的规模混合无效率程度. 企业现有生产点 A 到最优全要素生产率生产点 E 的改进可以表示为各种不同的效率, 表 6-1 给出了 6 种不同的效率及其含义, 其中 $\overline{I}_t$ 表示投入产出比固定时, 现有技术下可行的最小总投入 (图 6-2 中的 B 点); $\hat{I}_t$ 表示生产前沿面可变时, 现有产出水平的最小总投入 (图 6-2 中的 U 点); 而 $\tilde{Q}_t$ 和 $\tilde{I}_t$ 表示技术不变时, 使得 TFP 最大的总产出和总投入 (图 6-2 中的 D 点); 而 Q_t^* 和 I_t^* 则是考察期内技术可变时使得 TFP 最大的总产出和总投入 (图 6-2 中的 E 点).

根据 O'Donnell (2008, 2010, 2011) 的研究, 公式 (6.1) 表示的生产率改进可以进一步分解为

$$TFPE_t = \begin{cases} \dfrac{\overline{I}_t}{I_t} \times \dfrac{Q_t/\overline{I}_t}{\tilde{Q}_t/\tilde{I}_t} \times \dfrac{\tilde{Q}_t/\tilde{I}_t}{Q_t^*/I_t^*} \\[3mm] \dfrac{\overline{I}_t}{I_t} \times \dfrac{\hat{I}_t}{\overline{I}_t} \times \dfrac{Q_t/\hat{I}_t}{Q_t^*/I_t^*} \end{cases}$$

表 6-1 效率分类及含义

效率分类	公式	含义
投入技术效率	$ITE_t = \dfrac{\overline{I}_t}{I_t} = \dfrac{slope\,OA}{slope\,OB}$	给定总产出水平下的 最小总投入组合
投入混合效率	$IME_t = \dfrac{\widehat{I}_t}{I_t} = \dfrac{slope\,OB}{slope\,OU}$	投入产出组合约束放松时, 生产率的潜在变化
残差投入规模效率	$RISE_t = \dfrac{Q_t/\widehat{I}_t}{Q_t^*/I_t^*} = \dfrac{slope\,OU}{slope\,OE}$	测量的是技术混合效率点沿着生产前沿 面向最优 TFP 点的变动
投入规模效率	$ISE_t = \dfrac{Q_t/\widetilde{I}_t}{\widetilde{Q}_t/\widetilde{I}_t} = \dfrac{slope\,OB}{slope\,OD}$	规模经济或不经济所带来的效率变化
残差混合效率	$RME_t = \dfrac{\widetilde{Q}_t/\widetilde{I}_t}{Q_t^*/I_t^*} = \dfrac{slope\,OD}{slope\,OE}$	现期全要素生产率最大点与技术 可变时全要素生产率最大点的变化

即

$$TFPE_t = \frac{TFP_t}{TFP_t^*} = \begin{cases} ITE_t \times ISE_t \times RME_t \\ ITE_t \times IME_t \times RISE_t \end{cases}$$

则企业 t 时期全要素生产率可以写作

$$TFP_t = TFP_t^* \times (ITE_t \times IME_t \times RISE_t)$$

或者

$$TFP_t = TFP_t^* \times (ITE_t \times ISE_t \times RME_t)$$

由此, m 企业 s 时期与 n 企业 t 时期全要素生产率的变化可以表示为

$$TFP_{ms,nt} = \frac{TFP_{nt}}{TFP_{ms}} = \frac{Q_{nt}/I_{nt}}{Q_{ms}/I_{ms}} = \left(\frac{TFP_t}{TFP_s}\right) \times \left(\frac{ITE_{nt}}{ITE_{ms}} \times \frac{IME_{nt}}{IME_{ms}} \times \frac{RISE_{nt}}{RISE_{ms}}\right) \tag{6.2}$$

或者

$$TFP_{ms,nt} = \left(\frac{TFP_t}{TFP_s}\right) \times \left(\frac{ITE_{nt}}{ITE_{ms}} \times \frac{ISE_{nt}}{ISE_{ms}} \times \frac{RME_{nt}}{RME_{ms}}\right) \tag{6.3}$$

全要素生产率的变化可以表示为技术的变化和一系列效率的变化. 公式 (6.2) 和 (6.3) 中右边第一项 TFP_t/TFP_s 是 s 时期最大可能全要素生产率与 t 时期最大可能全要素生产率的差别,表示的是由技术变化引起的全要素生产率的变化. $TFP_t/TFP_s > 1$ 表示相对于 t 时期来说, s 时期的技术进步,而 $TFP_t/TFP_s < 1$ 则表示 s 时期面临的是技术衰退. 公式 (6.2) 和 (6.3) 中右边第二项则分别对应表 6-1 中的各种效率变化.

6.3.2　运用 DEA 计算生产率指数

根据 Shephard (1953) 距离函数, 投入产出函数可以表示为: $Q(q) = D_O(i_0, q, t_0)$, $I(i) = D_I(i, q_0, t_0)$. 假定产出导向的 DEA 模型的前沿面局部线性, 产出导向的生产前沿面可以表示为 $\alpha q'_{nt} = \gamma + \beta i'_{nt}$, 投入导向的生产前沿面为 $\phi q'_{nt} = \delta + \eta i'_{nt}$, 其中, α, β 和 ϕ, η 是非负的, γ 和 δ 没有符号限制, 即表明技术和规模是可变的, $\gamma < 0$ 表明规模报酬局部递增, 而 $\gamma > 0$ 则表明规模报酬局部递减, $\gamma = 0$ 表明局部规模报酬不变. 根据 Rahman 和 Salim (2013) 和 Christopher J O'Donnell (2011) 的研究, Färe-Primont 生产率指数可以用公式表示为

$$TFP_{ms,nt} = \frac{D_O(i_0, q_{nt}, t_0)}{D_O(i_0, q_{ms}, t_0)} \times \frac{D_I(i_{ms}, q_0, t_0)}{D_I(i_{nt}, q_0, t_0)}$$

其中,

$$D_O(i_{nt}, q_{nt}, t) = (q'_{nt}\alpha)/(\gamma + i'_{nt}\beta) \tag{6.4}$$

$$D_I(i_{nt}, q_{nt}, t) = (i'_{nt}\eta)/(i'_{nt}\phi - \delta) \tag{6.5}$$

标准的产出导向 DEA 问题需要选定公式 (6.4) 中的未知参数, 使得 $ITE_t = D_I(i_{nt}, q_{nt}, t)^{-1}$ 最小, 则其对应的线性规划问题为

$$D_i(i_{nt}, q_{nt}, t)^{-1} = ITE_{nt} = \max_{\phi, \delta, \eta} \ q'_{nt}\phi - \delta$$
$$\text{s.t.} \ \ \delta\iota + I'\beta \geqslant Q'\phi$$
$$i'_{nt}\eta = 1$$
$$\phi, \eta \geqslant 0 \tag{6.6}$$

其中 Q 是 $J \times M_t$ 产出向量, I 是 $K \times M_t$ 投入向量, ι 是 $M_t \times 1$ 的单位向量, M_t 是 t 时期用于计算前沿面的观察变量个数. DPIN3.0 通过解决公式 (6.7) 所示的线性规划问题来计算 Färe-Primont 生产率指数, 总投入和总产出估计如公式 (6.8) 和 (6.9) 所示. DPIN3.0 用样本的均值向量作为公式 (6.6) 代表性的投入产出向量, 本书中线性规划问题的代表性技术是在没有技术变化、可变规模报酬下获取的.

$$D_I(i_0, q_0, t_0)^{-1} = \min_{\phi, \delta, \eta} \{q'_0\phi - \delta : Q'\phi \leqslant \delta\iota + I'\eta; i'_0\eta = 1; \phi \geqslant 0; \eta \geqslant 0\} \tag{6.7}$$

$$Q_{nt} = (q'_{nt}\alpha_0)/(\gamma_0 + x'_0\beta) \tag{6.8}$$

$$I_{nt} = (i'_{nt}\eta_0)/(q'_0\phi_0 - \delta_0) \tag{6.9}$$

6.3.3　数据和变量描述

本研究选取上海市规模以上工业企业作为决策单元来计算全要素能源效率. 由于上海市统计年鉴中工业部门能源消费的统计并不完整, 本研究选取 2000—2013 年作为研究时期. 本研究选取规模以上工业企业的工业总产值作为产出变量, 原始数据来源于上海统计年鉴 (2001—2014).

根据 Mousavi-Avval 等 (2011) 和 Zhao 等 (2014) 的研究, 本研究选取资本投入、劳动和能源消费作为投入变量. ① 资本投入. 在中国的统计年鉴中没有直接的资本投入变量, 而且本研究主要研究的是上海市工业部门的能源效率, 为此, 本书选取规模以上工业企业的固定资产年末净值作为资本投入的近似替代 (Yuan, et al., 2008). ② 劳动投入是由规模以上工业企业的从业人员数来测量的. 劳动和资本投入的数据均来自上海统计年鉴 (2001—2014). ③ 能源投入由规模以上工业企业能源终端消费标准量来测量, 数据来源于上海工业能源与交通统计年鉴及上海能源统计年鉴 (表 6-2).

表 6-2　30 个规模以上工业企业

农副食品加工业	化学纤维制造业
食品制造业	橡胶和塑料制品业
饮料制造业	非金属矿物制品业
烟草制品业	黑色金属冶炼和压延加工业
纺织业	有色金属冶炼和压延加工业
纺织服装、服饰业	金属制品业
皮革、毛皮、羽毛及其制品和制鞋业	通用设备制造业
木材加工和木、竹、藤、棕、草制品业	专用设备制造业
家具制造业	交通运输设备制造业
造纸和纸制品业	电气机械和器材制造业
印刷和记录媒介复制业	计算机、通信和其他电子设备制造业
文教体育用品制造业	仪器仪表制造业
石油加工、炼焦和核燃料加工业	电力、热力生产和供应业
化学原料和化学制品制造业	燃气生产和供应业
医药制造业	水的生产和供应业

6.4　实证分析结果和能源效率变化分析

运用 2000—2013 年上海市 30 个行业部门的数据, 本研究估算了行业能源效率及其构成, 详见表 6-3 和表 6-4. 由于 Färe-Primont 生产率指数在满足相关公理的经济性和指数理论有效性的同时不受严格假定的约束, 所以这一测量方法是更为可靠的 (Christopher J O'Donnell, 2012a; Rahman and Salim, 2013).

表 6-3   全要素能源效率水平

年份	最大 TFP	技术效率	规模效率	混合效率	残差规模效率	残差混合效率	TFP 7
	1	2	3	4	5	6	=(1×2×3×6) =(1×2×4×5)
2000	0.095	0.737	0.809	0.673	0.830	0.691	0.039
2001	0.115	0.724	0.787	0.650	0.789	0.652	0.043
2002	0.109	0.728	0.769	0.664	0.787	0.680	0.042
2003	0.115	0.709	0.739	0.749	0.832	0.843	0.051
2004	0.128	0.692	0.671	0.804	0.773	0.926	0.055
2005	0.157	0.719	0.650	0.786	0.656	0.793	0.058
2006	0.146	0.704	0.680	0.790	0.773	0.899	0.063
2007	0.179	0.678	0.627	0.799	0.701	0.894	0.068
2008	0.203	0.649	0.634	0.787	0.684	0.849	0.071
2009	0.213	0.643	0.570	0.779	0.643	0.879	0.069
2010	0.303	0.631	0.584	0.657	0.624	0.702	0.078
2011	0.303	0.600	0.545	0.725	0.661	0.879	0.087
2012	0.311	0.579	0.511	0.750	0.628	0.922	0.085
2013	0.313	0.575	0.547	0.716	0.711	0.931	0.092
几何平均	0.176	0.667	0.645	0.736	0.717	0.818	0.062

表 6-4   全要素能源效率变化及其构成

年份	技术进步	技术效率	规模效率	混合效率	残差规模效率	残差混合效率	TFP
	1	2	3	4	5	6	7
2000	1.000	0.829	0.912	0.858	0.901	0.848	0.641
2001	1.213	0.814	0.886	0.828	0.856	0.799	0.700
2002	1.277	0.815	0.803	0.854	0.807	0.858	0.717
2003	1.216	0.798	0.833	0.954	0.903	1.034	0.835
2004	1.353	0.778	0.756	1.024	0.839	1.136	0.905
2005	1.658	0.808	0.733	1.001	0.712	0.973	0.956
2006	1.549	0.791	0.766	1.006	0.839	1.103	1.035
2007	1.894	0.763	0.706	1.018	0.761	1.097	1.120
2008	2.148	0.730	0.714	1.002	0.742	1.041	1.166
2009	2.253	0.723	0.642	0.992	0.698	1.078	1.129
2010	3.206	0.710	0.658	0.837	0.677	0.861	1.290
2011	3.203	0.675	0.614	0.923	0.717	1.078	1.431
2012	3.289	0.651	0.575	0.955	0.682	1.132	1.394
2013	3.311	0.647	0.616	0.912	0.772	1.142	1.507
增长率%	0.969	−0.267	−0.295	−0.067	−0.240	0.006	0.025

    本研究的一个重要发现是上海不同行业在混合效率、残差规模效率和残差混

合效率上具有很好的表现, 这意味着上海市的行业有能力通过改变投入产出规模来获得范围经济. 但是, 上海市行业能源效率在纯技术和规模效率上表现不好, 这表明上海市行业整体发展的技术和规模均存在不足. 2009 年之前, 上海市行业能源效率稳步增长, 之后却经历了一个周期的波动. 全要素能源效率增长率非常低, 只有 0.025. 这一增长主要是由 0.969 的技术进步和 0.006 的残差混合效率引起的, 但是技术效率、规模效率、混合效率和残差规模效率都是负的. 可见, 上海市行业效率的提高仍旧是通过技术进步来实现的.

表 6-5 给出了不同行业的能源效率值. 由表 6-5 可知上海市能源效率较高的 5 个部门分别是仪器仪表制造业, 纺织服装、服饰业, 皮革、毛皮、羽毛及其制品和制鞋业, 农副食品加工业和家具制造业. 本研究根据上海的实际对重点行业进行了分析, 主要结果有:

(1) 作为高技术产业和重点发展的工业行业[①], 医药制造业的能源效率表现一般, 总的能源效率变化只有 0.885 每年. 根据表 6-5, 医药制造业在残差规模效率和规模效率上具有优势, 这意味着上海市在这一行业的发展已经初步实现规模经济, 并且其发展逐步达到能源效率前沿面. 但是其技术效率非常低, 这意味着在现有的产出水平下, 这一行业并未实现最优生产. 随着技术的逐步提高, 投入产出比逐步达到最优, 该行业的先进设备逐步得到利用, 长期来看医药制造业的能源效率会有一个较好的表现.

(2) 作为上海市的传统行业, 纺织业在能源效率上没有优势, 但是其相关产业即纺织服装、服饰业具有较高的能源效率. 这意味着上海在传统的纺织业的转型上取得了很大的进步. 当前上海正在大力发展创意产业, 加上其纺织业的历史, 在这一领域会有一个非常好的发展前景.

(3) 汽车制造业和电子信息产品制造业是上海市另外的两个重点发展的工业行业. 在研究期内, 交通运输设备制造业经历了较高的技术效率, 但是其残差混合效率、残差规模效率和混合效率及规模效率都非常低, 这意味着在现有的生产水平下, 这一行业具有较高的投入产出比, 但是在这一行业技术需要创新, 规模需要扩大. 而且, 计算机、通信和其他电子设备制造业经历了较高的混合效率和技术效率, 但是其规模效率、残差规模效率和残差混合效率都比较低, 这说明这一行业的技术很高, 并且具有获取更高技术的能力, 但是其经济规模需要进行调整以更好地发挥技术的作用.

(4) 电力、燃气、水的生产和供应业的能源效率都非常低, 这是由行业的生产规模较大和行业的自然垄断性所导致的. 这类行业能源效率的提高主要依靠政府的政策导向和支持力度.

---

① 上海市 6 个重点发展的工业行业主要有: 电子信息制造业、汽车制造业、石油化工及精细化工制造业、精品钢材制造业、成套设备制造业和生物医药制造业.

表 6-5 分部门的全要素能源效率变化及其构成

部门	技术变化	技术效率	规模效率	混合效率	残差规模效率	残差混合效率	TFP变化	排序
农副食品加工业	1.876	0.965	0.991	1.189	0.951	1.141	2.047	4
食品制造业	1.876	0.498	1.097	1.167	1.041	1.107	1.135	18
饮料制造业	1.876	0.726	0.570	0.763	0.779	1.042	0.810	23
烟草制品业	1.876	0.787	0.911	1.045	0.947	1.087	1.461	10
纺织业	1.876	0.548	1.010	1.206	0.985	1.177	1.221	15
纺织服装、服饰业	1.876	0.866	1.042	1.270	1.002	1.222	2.069	2
皮革、毛皮、羽毛及其制品和制鞋业	1.876	1.125	0.819	1.258	0.779	1.197	2.068	3
木材加工和木、竹、藤、棕、草制品业	1.876	1.002	0.565	1.123	0.568	1.130	1.199	16
家具制造业	1.876	0.972	0.837	1.260	0.778	1.171	1.787	5
造纸和纸制品业	1.876	0.415	0.880	1.077	0.906	1.110	0.761	24
印刷和记录媒介复制业	1.876	0.459	0.716	0.896	0.858	1.074	0.663	25
文教体育用品制造业	1.876	0.914	0.885	1.198	0.869	1.176	1.785	6
石油加工、炼焦和核燃料加工业	1.876	1.125	0.627	0.736	0.797	0.937	1.239	14
化学原料和化学制品制造业	1.876	0.765	0.534	0.799	0.735	1.098	0.842	22
医药制造业	1.876	0.399	1.082	1.140	1.037	1.092	0.885	20
化学纤维制造业	1.876	0.958	0.321	0.859	0.403	1.077	0.622	26
橡胶和塑料制品业	1.876	0.433	0.971	1.177	0.932	1.130	0.892	19
非金属矿物制品业	1.876	0.404	1.042	1.154	1.007	1.116	0.882	21
黑色金属冶炼和压延加工业	1.876	1.008	0.500	0.371	0.737	0.547	0.518	27
有色金属冶炼和压延加工业	1.876	0.793	1.054	1.173	1.011	1.125	1.766	7
金属制品业	1.876	0.664	0.931	1.221	0.875	1.147	1.330	12
通用设备制造业	1.876	0.752	0.824	1.238	0.732	1.100	1.280	13
专用设备制造业	1.876	0.583	0.947	1.196	0.893	1.127	1.168	17
交通运输设备制造业	1.876	0.968	0.738	1.130	0.676	1.036	1.388	11
电气机械和器材制造业	1.876	0.997	0.843	1.233	0.741	1.084	1.709	8
计算机、通信和其他电子设备制造业	1.876	1.125	0.772	1.274	0.635	1.048	1.707	9
仪器仪表制造业	1.876	1.003	0.984	1.098	1.003	1.119	2.073	1
电力、热力生产和供应业	1.876	0.853	0.620	0.140	0.852	0.193	0.191	29
燃气生产和供应业	1.876	0.687	0.248	0.551	0.451	1.002	0.321	28
水的生产和供应业	1.876	0.466	0.126	0.333	0.257	0.681	0.075	30

6.5 能源效率的影响因素

6.5.1 Tobit 模型变量的选取

影响能源效率的因素有很多. Fleiter 等 (2012) 研究发现技术进步对德国的纸浆造纸工业有很大的影响；Ma 和 Stern (2008) 发现技术变迁和结构变化会显著影响能源效率的变化；Chang 和 Hu (2010) 通过 Tobit 回归发现能源消费技术、产业结构和能源结构对提高能源生产率极其重要；Eom 等 (2012) 认为技术革新会显著影响能源使用效率；Zhang 和 Huang (2012) 指出工业结构改革对能源效率的变化很重要；Zhao 等 (2014) 的研究发现技术进步、能源价格和经济发展对能源效率有积极的影响.

综上, 已有的研究大都表明能源效率受到产业结构、技术进步、制度因素、政府力量和开放程度的影响. 鉴于本研究聚焦于特定地区的产业研究, 因此我们认为政府的资金支持、技术、出口能力和行业内企业的规模会对行业整体的能源效率产生影响. 影响变量的详细信息如下:

(1) 政府资金支持. 自改革开放以来, 中国政府采取优先发展策略, 政府在经济发展中起重要作用. 因此, 政府政策支持对行业经济的发展有重要影响, 其财政政策和资金倾向也必然会大大地影响能源效率. 本研究选取来自政府部门的科技活动资金占行业科技活动经费筹集的比例来测量政府对工业部门的支持. 相关数据来自于上海科技统计年鉴 (2001—2014).

(2) 技术进步. 科技是第一生产力. 不管是污染治理还是减少能源消费都需要科技进步和技术人员. 在本研究中, 技术进步由两个指标来衡量: 一个是行业技术人员占从业人员的比例；另一个是 R&D 经费支出占行业科技活动经费支出. 本研究认为科技的进步需要行业科技人员数量的增加, 而且研发投入不仅会产生新的发明创造, 还会带来技术和工艺的创新, 由此带来的技术进步可以节约要素的投入或要素投入的组合方式, 进而节约能源、提高效率.

(3) 出口能力由出口交货值占工业销售产值的比例, 即出口依存度来衡量. 出口交货值是衡量工业企业生产的产品进入国际市场的一个重要指标, 是现阶段衡量我国大型工业企业融入世界经济的一个主要参数. 出口交货值与产品销售收入的比值可以看作是该行业的出口依存度, 依存度越高表明该行业对世界经济的依赖程度越高. 一般来说, 出口能力强的行业会有更好的能源使用效率. 数据来源于上海工业能源交通统计年鉴 (2001—2014).

(4) 企业规模由行业内企业数与行业总资产的比值来衡量. 本研究认为不同行业内的企业规模会影响行业内的竞争态势, 并且会反过来影响企业对节能技术的使用能力. 数据来源于上海统计年鉴 (2001—2014).

6.5.2　Tobit 模型及结果分析

由于 Färe-Primont 指数计算的上海市行业能源效率值是不连续的, 而且是介于 0—1 的受限值, 传统的最小二乘回归不能提供无偏的一直估计, 因此, 本研究选择面板 Tobit 模型进行分析. Tobin (1958) 首次提出了 Tobit 模型, 随后这一模型被用于分析不连续因变量和受限因变量的分析中. Tobit 模型表示为

$$y_{it}^* = \alpha + \beta x_{it} + \varepsilon_{it}, \quad i = 1, 2, \cdots, N$$
$$y_{it} = \begin{cases} y_{it}^*, & y_{it}^* > 0 \\ 0, & y_{it}^* \leqslant 0 \end{cases} \tag{6.10}$$

其中, N 是观测变量的个数, y_{it} 是因变量 (即能源效率), x_{it} 是自变量, 即能源效率的影响因素. β 是参数估计, α 是常数项, ε_{it} 是服从 $(0, \sigma^2)$ 分布的误差项.

总体来说, 能源效率不同的行业, 其影响因素也各不相同, 对于低能源效率的行业来说, 政府可以着重从资金支持、科技人员的投入、出口能力三个方面来提升其能源效率, 而对于已经具有高能源效率的行业来说, 研发经费的支出、出口能力及企业规模对其能源效率的提升有显著的影响. 由表 6-6 可以看出, 政府的资金支持对于企业能源效率的提升没有影响作用, 对于低能源效率的行业而言, 政府的资金支持甚至对其能源效率的提升具有负的影响. 可见在行业能源效率较低的阶段, 大规模的资金支持并不必然会带来能源效率的提高; 对于低能源效率的行业来说, 科技人员对其能源效率的提升具有较为显著的正向作用. 研发经费的支出对于行业能源效率的提升具有非常明显的正向作用, 但是对低能源效率组而言, 作用却不显著. 这表明研发支出对能源效率提升的作用是以科技人员的投入为基础的, 在行业能源效率提升的初级阶段, 需要以科技人员的建设为主.

此外, 本研究还发现出口能力对高能源效率组的行业来说具有非常显著的负的影响, 但是对低能源效率组的行业的影响作用却是正的, 这表明出口能力对能源效率的提升作用是有限的. 通过国际竞争可以迫使企业通过采取更先进的生产和管理手段, 采取更符合环保要求的设施设备, 进而提高企业的能源效率, 但是随着企业能源效率提高到一定程度之后, 出口能力的提升对企业能源效率的作用会逐步下降. 因此, 有必要调整能源效率较高的行业的出口, 以提高上海市行业整体的能源效率.

就企业规模来说, 企业规模越大, 相同年末资产情况下企业数越多, 该行业集中度越低, 企业间的竞争越激烈. 由表 6-6 可以看出, 企业规模是影响行业能源效率的一个重要因素, 为了在市场上生存, 行业企业会积极提高能源效率. 同时也可以看出, 上海市低能源效率行业中由于缺乏竞争, 该行业企业规模对能源效率的作用并不十分明显, 因此, 要提高上海行业整体的能源效率, 还需要关注行业的集中度和垄断性.

表 6-6　Tobit 回归结果

自变量	高能源效率组	低能源效率组系数	全部样本系数
政府资金支持	0.0013	−0.0069**	−0.0011
	(0.15)	(−2.02)	(−0.21)
科技人员/从业人员	0.0046	0.0132*	0.0049
	(0.64)	(1.8)	(0.9)
R&D/科技活动经费	0.0268***	0.0064	0.0204***
	(3.04)	(1.5)	(3.56)
出口能力	−0.1071***	0.0927***	−0.0995***
	(−3.69)	(3.41)	(−4.57)
企业规模	0.0005***	−0.0002	0.0005***
	(9.66)	(−1.06)	(12.36)
Cons	0.1162***	0.0303***	0.0842***
	(9.35)	(6.58)	(7.93)
Log likelihood	482.5006	493.22479	874.35568
Wald chi2	120.68	26.35	200.49

注: *, **, *** 分别表示 10%, 5% 和 1% 的显著性水平

6.6　本 章 小 结

提高行业能源效率是实现上海节能减排目标的重要方法. 本研究选取上海市 30 个行业作为研究对象, 运用 Färe-Primont 指数计算了 2000—2013 年上海市行业的能源效率, 并运用 Tobit 模型对行业能源效率的影响因素进行了进一步的分析.

能源效率计算研究结果表明, 上海市 6 个重点发展的工业行业中医药制造业虽然初步实现了规模经济, 但是其技术效率比较低, 需要通过提高技术来增加该行业的能源效率; 此外, 随着传统的纺织业也逐步转型到纺织服装、服饰业及创意产业, 其原有的优惠也会逐步得到发挥, 进而提高能源效率; 就汽车制造业和电子信息产品制造业来说, 都存在技术较高, 但是规模效率不高的问题, 为了更好地利用现有技术, 这两个行业需要扩大经济规模.

Tobit 回归结果表明总体来说, 技术进步、出口能力和企业规模对行业能源效率有显著的影响, 但是影响能源效率不同的行业, 其影响因素也各不相同. 对于低能源效率的行业来说, 科技经费中政府的资金支持、行业内科研人员的比例会对其能源效率产生较为显著的影响, 但是研发支出占科技经费支出的比例, 以及行业内企业规模对其能源效率的作用则并不显著.

第7章 企业环境绩效与经济绩效的关系研究

环境和经济绩效之间关系的研究对于企业的环境行为有重要影响, 因为企业的环境绩效主要来自于既定外部条件下, 企业对环境规制/法律所作出的策略性反应, 从这一角度来看, 只有在理论和实证研究上明确二者之间的关系, 才能为企业的策略性反应提供支持. 然而, 由于受多种因素的影响, 企业环境和经济绩效之间关系的研究目前已有一些成果, 但是无论在理论方面还是在实证方面这些研究的结论都呈现很大的差异性, 波特假说 (Porter Hypothesis) 的有效性和可行性也没有在整体上得到验证, 而且, 国外研究成果和理论对中国企业管理实践的解释力和适应性不足, 因而也就无法证实企业环境和经济绩效之间关系的方向, 也不能为企业主动增加环境承担的责任提供理论依据.

其实, Malmquist 指数和 Malmquist-Luenberger 指数最初都是用来对两个或多个企业生产率进行比较的, 但是由于在中国微观企业层面的数据很难获取, 而且也没有形成一个完整的统计体系, 所以关于企业层面的研究, 本章尝试用 Meta 分析方法对现有文献进行梳理, 并运用有序 Probit 回归寻找影响二者之间关系的因素, 为我国微观企业层面的研究和生产实践提供理论支撑.

7.1 环境绩效和经济绩效的内涵

一般来说, 由于环境问题的外部性, 企业大都采用末端治理作为改进环境的主要方法, 因此传统的经济理论认为, 环境投资需要额外的资金、技术和人力资源等非生产性的投资, 这不但会导致额外的成本, 而且可能会挤压企业的其他潜在投资, 降低其持续竞争的能力, 而且企业从这一投资中可以获取的经济绩效也是有限的; 当前条件下, 与生产过程中环境负担相关的消费偏好并不显著, 即环境友好型的企业形象对市场竞争优势的影响并不明显, 环境绩效并不必然产生经济利益, 因此政府对企业环境行为的强制干预会导致环保措施改进带来的社会利益和企业成本之间的权衡; 与此相反, M. Porter (1991) 与 M. E. Porter 和 Vanderlinde (1995) 认为从长远来看, 合理设计的环境规制能够迫使企业把重点放在技术创新, 促进企业环保活动, 提高环境绩效上, 这不但不会造成厂商成本增加, 反而可以促进企业的竞争力, 因为技术进步和资源生产率的提高会降低生产成本, 提高企业竞争力和整体的经济绩效, 这被称为 "波特假说". 本研究认为, 要理解环境绩效与经济绩效之间的关系, 必须从其内涵入手, 根据国内外学者对企业环境和经济绩效之间关系的理论和实证研究, 阐述了环境和经济绩效的概念.

7.1.1 企业环境绩效内涵的再认识

当前, 全球正面临气候变化的严峻挑战, 环境绩效的评价成为发展低碳经济的重要依据, 但是关于环境绩效的评价却并没有在理论和实践上达成一致. 本研究认为企业环境绩效 (Environmental Performance) 是企业活动对自然环境的影响 (Klassen and Whybark, 1999), 是企业的环境管理行为所取得的可测结果, 在环境管理体系条件下, 可对照组织的环境目标、环境指标及其他环境表现要求对结果进行测量. 对带来企业环境行为的考察要分为两个维度: 一是强制性行为, 这是企业改进环境绩效的外部驱动力, 主要指企业在政府法律法规、媒体监督及消费者偏好的压力下采取的行为; 二是自愿性行为, 这是企业注重环境绩效的内部驱动力, 主要是企业环境行为对企业自身组织能力的影响 (杨东宁和周长辉, 2004), 这种能力是影响企业经济绩效的首要因素.

以这两个维度为基础, 企业的环境绩效又有狭义与广义之分. 狭义上来讲, 企业环境绩效是企业在环保规制及其他可直接测量的环境指标上的表现, 这一绩效以定量指标为主, 并且大都是在强制力的制约下进行的, 以末端治理为主; 广义的环境绩效是企业自觉地对污染防治、资源利用和自然环境影响的持续改进, 是企业环保意识增强的表现, 以前期预防为主, 末端治理为辅, 反映的是系统的动态性的环境管理行为, 二者之间的比较详见表 7-1. 根据 Horváthová (2010) 的研究, 在本研究的定量研究中, 环境绩效测量方法主要分为定性和定量两类, 详见表 7-2.

表 7-1 狭义与广义环境绩效的比较

	狭义	广义
对自然环境的影响	强调污染排放强度	强调累积及滞后的环境影响
可观测性	可进行技术测量	较复杂, 难以估计, 且测量成本较高
管制措施	以强制性的末端治理为主	以自愿的前期预防为主
改进机会	调整生产过程	优化供应链及延长生命周期
指标属性	定量的标准化指标为主	定性指标为主
对经济绩效的作用	多以直接作用为主	更多的关注长期的潜在影响
分析方法	单指标或各指标的加权比较	注重综合的累积效果

7.1.2 企业经济绩效的内涵

经济绩效主要是对资源分配效率, 资源利用效率的评价, 是可以被市场直接体现的价值. 根据已有的文献, 本研究把经济绩效的测量方法主要分为四种, 其分类及描述详见表 7-3.

表 7-2   环境绩效变量统计表

类型	定义	环境绩效计量方法
定性	环境信誉评级指数	环境绩效优良等级排名 以环境认证、环保核查、环境友好企业、 重大环保事故等指标评分确定 奖励或较好环境绩效的其他认可
	环境事件及信息披露	泄露和其他厂矿事故
定量	废物排放量以及空气污染物排放量	有毒物质排放 (TRI) 在污染控制技术方面的资本支出

表 7-3   经济变量统计表

类别	变量	描述
会计类	资产收益率	收益对资产总额比率
	净资产报酬率	净收益与公司权益比率
	销售收益率	年利润/年收入
	投资报酬率	营业收入对资产账面价值比率
市场类	市盈率	股票的价格和每股收益的比率
	每股盈余预测值	
混合类	Tobin's Q	企业的市场价值与资本重置成本之比
无形影响	企业声誉	消费者偏好及供应商优势

(1) 主要提供企业的财务信息的会计类变量, 这类测量指标主要强调企业的盈利能力, 其对象主要是企业的管理层、股东以及债权人, 主要有资产收益率 (ROA)、销售收益率 (ROS)、净资产报酬率 (ROE) 等.

(2) 市场类变量, 这类变量侧重于企业如何影响与其有直接或间接关系的利益相关方的信息, 主要有股票市场收益率和市盈率.

(3) 包含会计和市场类变量特性的混合类变量, 如反映预期收益的托宾 Q 值.

(4) 无形的间接经济影响. 这类变量大都不涉及资金, 主要指那些可以获得的组织声誉、吸引的消费者偏好, 以及获得供应链上具有环境优势厂商的青睐等. 从长远来看, 这些无形的影响对于企业扩大市场份额, 提高竞争能力尤为重要.

7.2   企业环境绩效与经济绩效之间关系的理论分析

7.2.1   理论背景

环境绩效对经济绩效的作用受多种因素的影响, 之前的实证研究大都在短期考察的基础上得出环境和经济绩效之间的负向关系, 但是二者之间长远关系探讨可能更具有实践和指导意义 (Sarkis and Cordeiro, 2001). 当前时期, 全球范围内都在关注日益恶化的生存环境问题, 各国有关环境问题的政策法规也在不断完善. 随着社会媒体功能的不断强大, 环境问题的曝光率也逐步增多, 注重环境质量的企业集团在选择合作伙伴的时候也比较关注上下游供应链的环境问题. 而且随着雾霾天气的不断增多, 社会公众的环境意识也逐步增强, 这也会在某种程度上影响其消费意愿, 在这些外部因素的作用下, 企业开始不同程度的注重环境行为. 本研究认为, 良好的环境绩效水平源自于不同类型的环境实践, 在内外部驱动力的作用下, 自愿或强制的环境实践促使企业环境绩效不断改进. 研究发现, 环境绩效优势可以给企业带来竞争优势, 主要是通过环境管理行为提高资源的使用效率, 从而可以带来成本节约优势, 以及通过产品差异化可以获得较高的市场利润. 综合 OECD (1998), Esty 和 Porter (1998), Reinhardt (2000) 以及 Zeng 等 (2011) 等的观点, 本研究给出了较为完整的环境绩效的驱动因素及其对经济绩效影响途径的关系图 (图 7-1). 由图 7-1 可知, 企业污染减排和经济绩效之间并不是互相矛盾的, 试图通过宽松的环境管制来吸引外国投资, 最终也只会吸引那些质量差、没有竞争力的企业 (Dowell, et al., 2000).

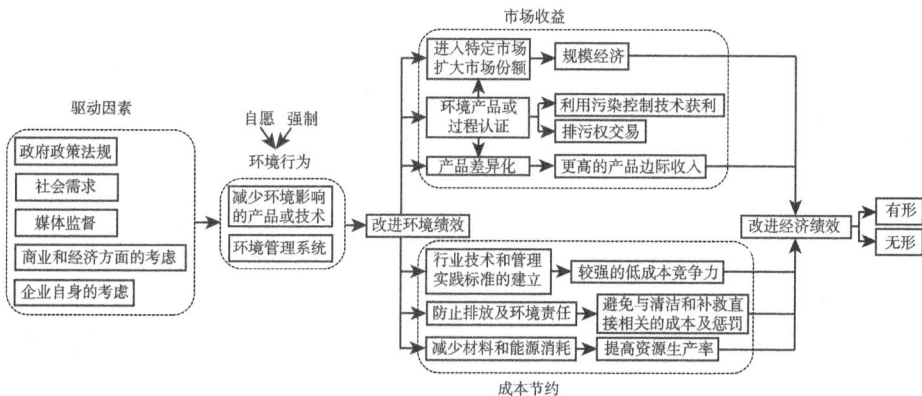

图 7-1 环境绩效的驱动因素及对经济绩效的影响路径图

从经济社会发展的历史来看, 经济运行的方式一定会影响到环境, 反之, 环境的质量也会影响长期经济活力, 在发展中国家, 这一影响可能更直接、更引人注目 (Pearce, 1992). 关于环境因素对经济的作用主要有两种截然不同的观点, 一类认为企业的环保行为与经济目标相冲突, 这一观点表现为图 7-2 中的 $ECP_0\text{-}D\text{-}E\text{-}F$. 假定企业现有的利润水平为 ECP_0, 每一项环保措施/行为都会使得企业的利润沿着 DEF 曲线方向下滑. 但是也有人认为企业环境保护不仅在经济上是可持续的, 而且企业的环保实践还有易于企业的经济绩效 (Schaltegger and Synnestvedt, 2002), 如图 7-2 所示中企业经济绩效 ECP^* 是通过环境保护绩效 EVP^* 实现的. 环境行为对经济绩效的改进似乎很难令人相信, 但是通过获取环境保护行为中可轻易实现的目标, 企业可以增加边际净利润, 并且实现图 7-2 中的利润点 A. 环境行为的成本节约和市场收益功能使得企业的经济绩效沿着曲线 ECP_0A 向上移动, 但是当企业某一环境行为所带来的优势消失之后, 企业会重新步入环境和经济绩效相冲突的阶段 (曲线 ABC). 但是, 即便如此, 曲线 ABC 代表的生产状态在经济上是优于 $ECP_0\text{-}D\text{-}E\text{-}F$ 的. 图 7-2 表明, 环境绩效对经济绩效的作用依赖于环境管理实践的类型以及企业的具体情况. 总之, 给定经济绩效水平, 环境绩效有所不同, 反之亦然. 如 B 点与 ECP_0 代表了相同的经济绩效水平, 但是二者对环境行为的态度却是不同的. 此外, 环境和经济绩效之间的关系受企业管理质量和水平的影响, 由于这一影响, 环境绩效的优势未必会给企业带来经济上的竞争力 (Christmann, 2000; Karagozoglu and Lindell, 2000).

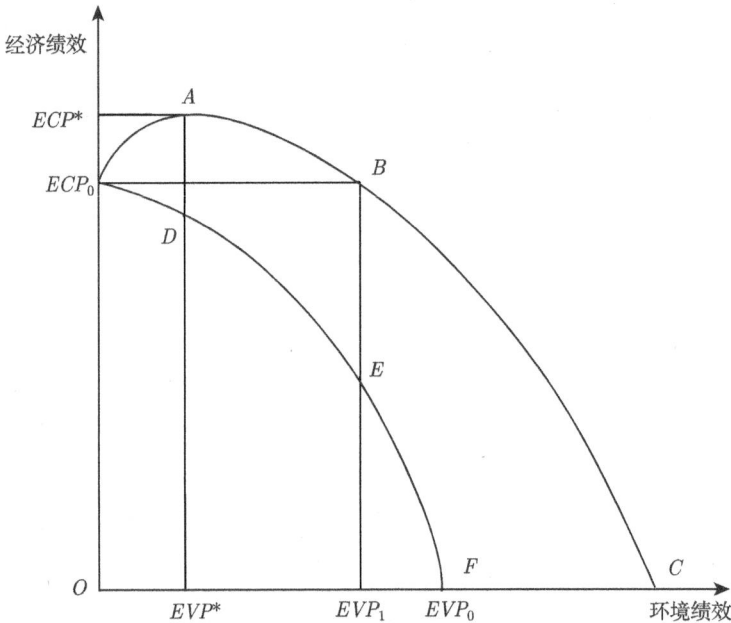

图 7-2   环境绩效与经济利润之间的可能性关系

7.2.2   企业环境绩效和经济绩效之间关系的研究进展

作为企业公民, 企业不仅要履行经济责任, 而且要履行社会和环境责任, 企业的环境保护行为应该明显优先于经济的增长 (Blum, 1995), 因为环境绩效的改进可以通过需求增加和生产率改进来增加企业附加值 (Nishitani, 2011), 而且投资于环保措施的企业往往在整个供应链上处于优势地位, 能够吸引更多的机构投资者 (Wahba, 2008). 但是保护环境的投资包含了资本支出的潜在需求, 这必然会影响到

企业的经济绩效 (Jaggi and Freedman, 1992), 而且, 非生产性环境投资在开始阶段会给企业带来极少甚至是负的经济效益, 环境绩效对经济绩效的作用也就可能出现 1—2 年或更长的滞后期. 因而, 虽然大量的研究分析了企业环境行为/绩效与经济绩效之间的关系, 但是由于企业环境绩效评估的研究和实践仍处于起步阶段, 经过 30 多年的理论和实证研究, 二者之间的关系仍旧没有达成一致的结论 (Konar and Cohen, 2001).

如前文所述, 关于企业环境和经济绩效的关系在理论上有传统主义和修正主义两种认识 (Wagner, et al., 2002). 综合现有文献, 本研究将环境绩效改进对经济绩效变化的影响关系分为 5 类, 如图 7-3 所示. 传统学派认为企业环境绩效与竞争力之间存在冲突, 因为环境成本会大大降低企业的边际利润, 使企业在竞争中处于劣势地位 (Palmer, et al., 1995; Walley and Whitehead, 1994). 因此, 企业会在环境绩效和经济绩效之间进行权衡, 即二者之间是一种此消彼长的关系 (图 7-3 (a)). 在这一观点的影响下, 企业往往把环境管理的重点放在末端治理上. 但是, 近几年, 以 Porter 为代表的修正学派认为, 环境绩效是企业竞争优势的潜在因素, 能够带来更有效的运作过程. M. Porter (1991) 认为环境规制可以带来社会福利和公司利益同时增加的双赢局面 (图 7-3 (b)), 因为环境绩效提高所带来的创新可以部分抵消其成本, 而且环境保护行为还可以给企业带来无形成本. 但是, 这两种正或负的线性关系受到了非线性关系的挑战. 不可否认, 企业需要为环境绩效的改进支付成本, 同时企业也可以从资源的循环和再利用等环保活动中获益 (King and Lenox, 2001; Palmer, et al., 1995), 从而使得积极改进环保绩效的企业从环保行动中获得超过其成本的收益. 而且在许多情况下, 企业可以从日常环境改进行为中获得更有效的污染减排方法 (Remmen and Lorentzen, 2000), 但在有足够能力采用清洁生产之前, 企业需要先通过末端治理的方法来满足环境标准, 在这一时期, 经济绩效会随着末端治理方法的采用有短期的下降, 当企业有足够的引进清洁生产技术的人力资本和能力之后, 经济绩效会随着环境绩效的改进而增加, 也就是说二者之间呈现出一种 U 型的关系 (图 7-3 (c)); 而 Wagner (2001), Lankoski (2000) 和 Fujii 等 (2013) 则认为环境和经济绩效之间是一种倒 U 型的关系 (图 7-3 (d)), 这一观点认为在环境绩效的上升阶段, 由于先进设备的使用, 企业的经济绩效会随着环境绩效的改进而提高; 当环境绩效达到已有的环境标准要求的时候, 其经济利益最大化. 此后, 企业会丧失改进环境绩效的动力, 因为此时引入更先进设备的边际成本高于其能带来的边际效益, 企业的经济绩效与环境绩效之间表现出一种负向关系. 最后, McWilliams 和 Siegel (2001) 认为二者之间并没有确定的关系 (图 7-3 (e)), 因为不进行环境投资的企业有较低的成本和价格, 而进行环境投资的企业会有较高的成本但是也会有较高的消费者支付意愿. 本研究认为, 自愿或强制的环境管理实践会促使企业改进环境绩效, 而环境绩效又可以从市场收益和成本节约两个方面来提高经济绩效. 因此,从长远来看, 企业污染减排和经济绩效之间并不是互相矛盾的, 试图通过宽松的环境管制来吸引外国投资, 最终也只会吸引那些质量差、没有竞争力的企业 (Dowell, et al., 2000).

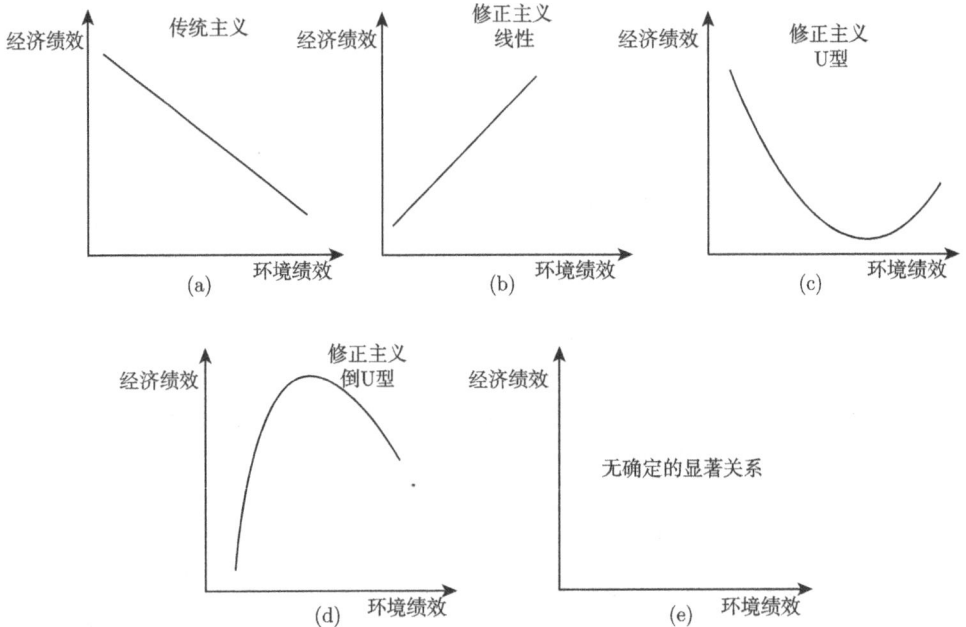

图 7-3　环境绩效和经济绩效关系图

在实证研究方面, 经济绩效对环境绩效的影响研究也是无定论的, 有的学者认为环境绩效的改进有助于经济绩效的提高 (Russo and Fouts, 1997), 而其他一些研究者则得到相反的结论, 也有一些研究认为二者之间没有一个明确的关系 (Earn-hart and Lizal, 2007b; Wagner, 2005). 导致这些结论差别的原因有很多, Griffin 和 Mahon (1997) 认为个别研究的结果很难归纳概括是因为缺乏对环境绩效和经济绩效的清晰定义. 而且有的实证研究忽略了影响企业经济绩效的其他因素 (Elsayed and Paton, 2005), 高效环保的企业在其他生产过程中可能也比较有效率, 而且成功的企业可以在环保技术上支出更多; 此外, 已有的实证研究面临小样本, 环境指标缺乏及不统一等问题 (Konar and Cohen, 2001), 而且早期的研究没有解释企业规模等一些重要的调节变量 (Wagner, 2001).

据我们所知, 由于数据的缺乏及研究方法的不一致, 中国企业的环境绩效研究非常滞后, 关于环境绩效与经济绩效关系不同结果的原因也没有系统的研究, 虽然 Horváhová (2010) 运用 Meta 分析对 2009 年之前的文献进行了分析, 但是这一研究并没有包含中国的数据, 而且 2009 年之后环境和经济绩效之间关系的研究也非常多①. 运用 Meta 分析, 本研究对 1990—2013 年有关二者之间关系研究的中外文献进行梳理, 对统计方法的选择、数据类型、时间范围及观测值总数等进行有序 Probit 回归分析, 在理论和实证上分析了影响二者之间关系的因素, 揭示导致环境和经济绩效之间关系研究结果差异的深层次原因.

7.3 基于 Meta 分析企业环境绩效与经济绩效之间的关系

企业经济绩效与环境绩效之间的关系一直是环境管理研究的核心问题 (Menguc, et al., 2010), 但是以往的研究结果是不一致的. 研究人员从不同的理论视角对企业环境绩效和盈利能力之间的关系进行了实证研究, 但是由于样本数据的局限性及环境和经济绩效指标的不一致, 这些研究往往得到互相矛盾的结果. 之前大多数关于环境绩效对经济绩效的定量实证研究有着各种各样的缺陷 (Telle, 2006), 到目前为止, 理论是有争议的, 实证研究结果也仍未有定论. 中国关于企业环境绩效及环境规制的研究起步更是比较晚, 统计数据非常欠缺, 而且相关调研也没有大规模的展开. 为了较为系统、全面地分析企业环境绩效对经济绩效的作用, 本研究采用 Meta 分析方法, 通过对有关环境和经济绩效关系研究的代表性文献进行综合分析, 更为准确地评价环境绩效对经济绩效的影响作用.

7.3.1 数据和研究方法

1. 文献检索与整理

为了确保 Meta 分析所需数据的完整性, 依据 Lipsey 和 Wilson 所给出的方法 (Lipsey and Wilson, 2001), 本研究首先以 "Environmental Performance" 和 "Economic/Financial Performance" 为检索词, 在 Web of Knowledge, Science Direct (Elsevier), Emerald, EBSCOhost, Scopus 以及中国学术期刊全文数据库等搜索标题和关键词中同时含有上述检索词的相关文献, 除去重复的, 总共获得 468 篇相关文献. 在此基础上, 本研究按照图 7-4 所给出的筛选步骤对搜索到的文献进行筛选. 筛选遵循的主要标准是: ①必须是环境绩效对经济绩效影响的实证研究, 但是不考虑各自采用的具体的定量方法; 不包括通过环境认证或采取环境政策粗略估计的环境绩效, 因为环境绩效与环境认证或者环境政策之间的关系并不必然与好的环境绩效相关 (Darnall and Sides, 2008). ②本研究分析的是考察二者之间长期关系的研究结果, 由于事件研究只提供了对公司股东的短期影响研究, 而不是企业所有利益相关者的影响, 因此与事件披露相关的股票市场行为的实证研究被剔除在外. ③必须是对企业状况的分析, 除去对国家或地区的相关研究. ④由于在 20 世纪 90 年代以

①在选取的合格文献中, 有 26 篇是 2009 年及之后的文献, 中国关于环境和经济绩效之间关系的研究基本也都在 2009 年之后.

前, 企业不提供详细的污染产生和处理信息 (A. King and Lenox, 2002), 因此本研究在搜索文献的时候将论文发表时间限定在 1990 年之后. ⑤文献中有经济绩效和环境绩效之间的相关系数矩阵或路径系数. 通过这一筛选与整理, 最终获得了 62 篇可能合格的文献. 通过阅读全文, 获得 49 篇可供分析的文献, 被删除的文献中, 有 2 篇是西班牙语的文献、3 篇不是实证研究、1 篇是 2013 年出版的无法获取的, 另外 7 篇没有给予二者之间的相关系数矩阵或路径系数.

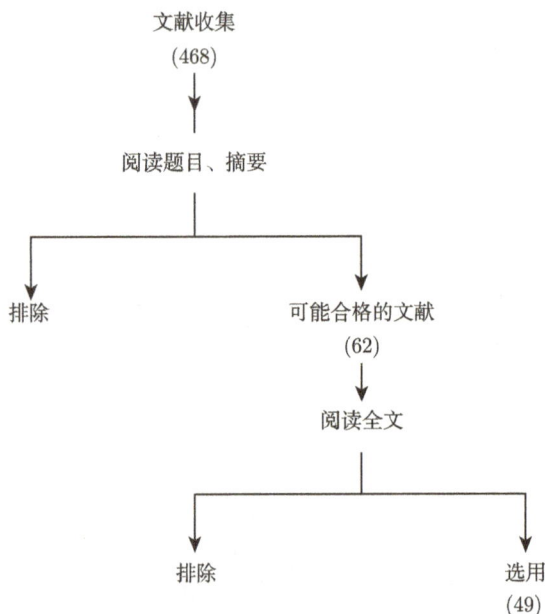

文献收集
(468)

阅读题目、摘要

排除　　　　可能合格的文献
(62)

阅读全文

排除　　　　选用
(49)

图 7-4　文献筛选的基本步骤

一般来说, 环境污染/排放被看作是无效率和资源浪费的表现 (Stefan and Paul, 2008; Wagner, 2001), 无效率的企业产生的污染比较多, 有较低的环境绩效. 所以, 本研究假定企业较高的环境排放会导致较低的环境绩效. 这样一来, 环境和经济绩效之间的正向关系就意味着较低环境排放 (较高的环境绩效) 的企业具有较高的经济绩效. 本研究从选取的 49 篇文献中总结了 118 个研究结果, 环境绩效和经济绩效之间有 57 个正相关、24 个负相关以及 37 个不显著 (图 7-5). 这一样本在很大程度上与其他 Meta 分析的文献具有可比性, Darnall 和 Sides (2008) 的分析研究用了 9 篇文献, Ashenfelter 等 (1999) 从 27 篇文献中归纳出 96 个不同的结果进行 Meta 分析, Horváhová (2010) 的分析包含了 37 篇文献的 64 个结果. Meta 分析是基于 22 篇美国和加拿大的研究 (46 个观测值)、16 篇关于欧洲的研究 (39 个观测值), 以及 11 篇亚洲的研究 (32 个观测值).

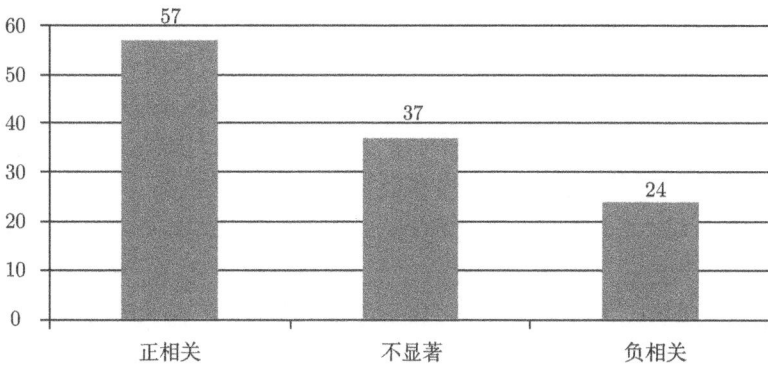

图 7-5　现有文献关于环境和经济绩效之间关系的研究结果

2. 变量描述

本研究假设原文献中所使用的计量经济方法、研究样本所在国家、环境和经济变量的类型、滞后环境变量等都会影响其研究结果, 并对这些变量作如下解释:

(1) 所使用的计量经济方法. 从搜集到的文献来看, 环境绩效对经济绩效作用的研究方法有很多, 同一篇文献用不同的方法来估算也会得到不同的结果 (Telle, 2006), 这使我们有理由相信选用的计量经济方法会对结果有显著的影响. 此外, 从方法论的角度来看, 面板数据可以克服时间序列分析中多重共线性的困扰, 还可以减轻遗漏变量问题, 有更高的估计效率, 因而更可取. 计量方法论类型主要分为相关系数、回归分析、面板分析、联立方程以及其他分析方法 (主要包括结构方程和投资组合研究).

(2) 国别. 本研究认为不同的国家, 经济发展程度不一致, 因此其对环境的要求也不同, 比如为了吸引外国投资搞活经济, 很多国家在发展初期阶段会采取宽松的环境法规和政策, 而 Di Vita (2009) 的研究也证实了法律法规的完善程度与污染排放的负向关系. 在本研究中, 国家类型主要分为: 美国、加拿大、欧洲以及亚洲 (中国和日本).

(3) 经济绩效测量方法. 一般来说, 会计类变量是对过去会计信息的回顾, 而后两种变量包含了市场预期, 因此本研究假定经济绩效的类型会对估计结果产生显著的不同影响, 但是本研究没有对这种影响的方向进行假定.

(4) 环境绩效测量方法. Cavlovic 等 (2000) 的研究也证实污染类型会影响到环境库兹涅茨曲线的形状, 因此, 本研究假定原文献所采用的环境绩效指标类型也可能会对实证结果产生影响, 实证分析中, 环境绩效测量主要分为定性 (环境评级) 和定量 (废物排放量以及空气污染物排放量) 两类, 详见表 7-2.

(5) 是否包含滞后期. 一般来说, 自愿/强制性的企业环境管理实践所带来的环境绩效对经济绩效的影响会存在滞后性. 因此本研究假定原文献是否采用滞后环境绩效变量也会对研究结果产生影响 (Earnhart and Lizal, 2007a; Konar and Cohen, 2001). Hart 和 Ahuja (1996) 的研究表明, 在没有滞后环境变量的模型中, 环境和经济绩效之间没有相关性, 但是有滞后环境变量的模型中, 二者之间是正相关的. 因此本研究引入一个关于环境绩效变量是否有滞后期的哑变量.

(6) 行业. 为了考察不同行业环境和经济绩效关系是否存在差异, 本研究把原文献研究中的行业分为三类, 即制造业、服务业及行业的综合. 现有关于环境绩效研究的文献大都从标准普尔 500 中选取企业进行研究, 本研究选取的文献中有 21 篇是对制造业进行的研究、3 篇是针对服务部门的、其他 25 篇是对混合产业部门的研究.

3. 数据分析方法

Meta 分析法是 Glass 于 1976 年正式提出的一种对以往的实证研究结果进行定量综合分析与评价的研究方法, 这一方法适用于对同一问题的研究结论之间存在较大差异的情况 (Smith and Glass, 1977). 该方法最先在心理学、临床医学等领域得到了广泛的应用, 但是近年来, 这一方法在经济学上也得到了广泛的应用和发展 (Stanley, 2001; Stanley and Jarrell, 1989). Meta 分析在经济学上主要用来分析实证研究结果的异质性, 每一项研究的结果由研究本身的特性来解释, 如采用的计量方法、所用变量的类型等, 从而解释这些不同研究结果差别的深层次的原因.

在 Meta 分析中, 关于样本的选择过程还没有一个明确的共识. Meta 的原文献研究仅使用每个研究的一个观察结果 (Stanley, 2001)；但是环境经济学中的 Meta 分析大多使用多个观测值 (Nelson and Kennedy, 2009), 而且只使用每篇原文献研究中的一个观测值可能会导致严重的信息丢失 (Bijmolt and Pieters, 2001), 本研究搜集的是原文献的多个研究结果. 由于本研究关注的是环境绩效对经济绩效作用的方向, 而不是大小, 因此本研究使用有序 Probit 模型来估计整体效果的决定因素, 即用可观测的有序反应数据建立模型来研究不可观测的潜变量变化规律. 在本研究中, 因为无法观测环境和经济绩效之间的关系 (y^*) 的具体值, 所以可以看作一个潜变量, 用方程可以表示为

$$y^* = x_i'\beta + \mu_t, \quad i = 1, 2, \cdots, N, \quad \mu_t \sim IID(0, 1) \tag{6.1}$$

μ_t 的概率密度为 $f(\mu_t) = \dfrac{1}{\sqrt{2\pi}}\mathrm{e}^{-\frac{\mu_t^2}{2}}$

虽然 y_i^* 不可观测, 但是假定原文献研究中辨别环境和经济绩效之间关系的分类变量为 y_i, 则可观测的变量 y_i 与 y_i^* 之间的联系可以表示为

$$\begin{cases} y_i = 1, & \text{环境和经济绩效之间正相关} \\ y_i = 0, & \text{环境和经济绩效之间关系不显著} \\ y_i = -1, & \text{环境和经济绩效之间负相关} \end{cases}$$

那么, $y_i^* = -1, 0$ 的概率 (图 7-6) 分别为

$$pr\left(y_i = 0 | x_i'\right) = pr\left(y = 1, 0 - pr\left(y = 1\right)\right)$$

$$pr\left(y_i = -1 | x_i'\right) = 1 - pr\left(y = 1, 0\right)$$

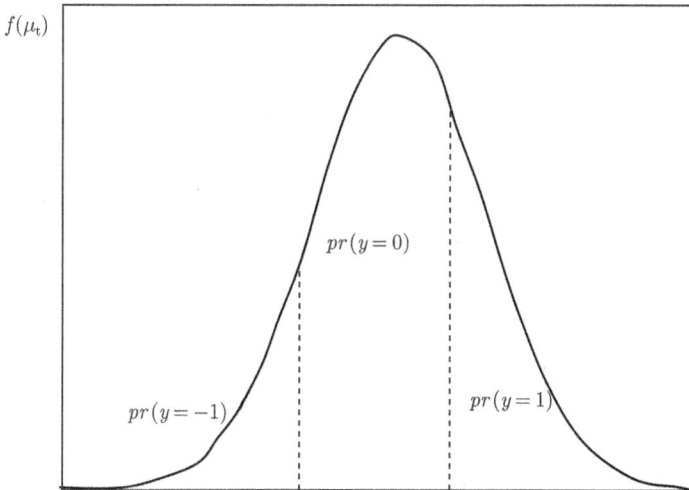

图 7-6 μ_t 的概率密度曲线

x_i 是可能影响二者之间关系的一组解释变量观测值, 如所选取文献的运用的研究方法、数据类型、研究的时间跨度以及观测变量等; β 是相应的未知系数, ε_i 是标准正态分布的随机误差项.

本研究对符合要求的文献进行仔细的检查, 识别环境和经济绩效之间的估计关系以及其影响因素 (文献发表年份、样本所属国家、样本所属行业以及使用的变量等). 由于研究通常涉及多个模型, 因此需要检查所选取的每个文献的结果是否稳定以及是否可以从这一研究中得出一般性的结论. 如果同一篇文章在环境和经济绩效关系上得出不同的结果, 那么在 Meta 分析中, 这一研究就有多个结果. 为了处理原文献研究在异质性研究中可能存在的过度表现, 本研究运用有序 Probit 估计方法来确定样本权重, 权重等于 1/原文献研究中所选取的观测值个数.

7.3.2　实证分析结果

表 7-4 给出了有序 Probit 的结果, 第 1 列是包含所有解释变量的结果, 最后三栏没有包含全部解释变量, 第 2 列是去除行业变量的估计结果, 第 3 列不包含观测变量总数这一解释变量. 因为面板数据和回归是考察更长时间范围的影响, 所以本研究在第 4 列中排除了观测年数来进一步检验原始文献中所采用的估计方法是否会对结果产生影响, 本研究的 4 种研究结果清楚地显示出实证分析结果的一致性.

表 7-4　Meta 分析的 Probit 回归结果: 影响环境和经济绩效关系的因素分析

	[1]	[2]	[3]	[4]
发表时间	0.011(0.038)	0.011(0.036)	−0.003(0.034)	−0.005(0.034)
观测年数	−0.129***(0.046)	−0.122**(0.042)	−0.133***(0.041)	
滞后年数	−0.51*(0.282)	−0.478*(0.261)	−0.472*(0.26)	−0.433*(0.254)
观测变量总数	0.000(0.000)	0.000(0.000)		0.000(0.000)
研究国家−美加	0.915*(0.511)	0.896*(0.498)	0.801(0.489)	0.376(.448)
研究国家−欧洲	0.822*(0.455)	0.738**(0.375)	0.699*(0.373)	0.254(0.314)
环境指标−定量	−0.159(0.279)	−0.144(0.268)	−0.193(0.265)	0.057(0.250)
经济指标−会计类	−0.790**(0.315)	−0.767**(0.305)	−0.761**(0.302)	−0.514*(0.284)
经济指标−市场类	−0.273(0.436)	−0.249(0.424)	−0.228(0.422)	0.017(0.400)
测量方法−相关关系	0.113(0.617)	0.124(0.616)	0.125(0.613)	−0.170(0.602)
统计方法−回归	−0.132(0.582)	−0.116(0.581)	−0.069(0.577)	−0.444(0.564)
统计方法−面板	0.536(0.649)	0.538(0.640)	0.539(0.636)	0.043(0.608)
统计方法−联立方程	0.325(1.025)	0.416(0.993)	0.491(0.988)	0.218(0.874)
所属行业−制造业	0.071(0.292)			
所属行业−服务业	−0.095(0.533)			
伪 R^2(Cox 和 Snell)	0.239	0.238	0.223	0.177
拟合优度	249.183**	241.904*	215.558**	230.676
模型拟合信息 (p 值)	0.007	0.003	0.004	0.028

注: 因变量是分类变量, 表示原文献研究中给出的环境和经济绩效之间关系; 括号中的数是标准差; * 在 10%水平显著; ** 在 5%水平显著; * * * 在 1%水平显著

一般来说, 环境绩效的改进需要一段时间才能转化为经济绩效的变化, 因此本研究引入滞后年数作为哑变量来观测二者之间的时滞性是否会影响研究结果. 与 Horváhová (2010) 的研究结果不同的是, 本研究的滞后年数这一哑变量对环境和经济绩效之间的关系在 4 个模型中均具有显著性的影响, 这表明环境绩效的改进对经济绩效的作用具有时滞性, 仅采用当期数据的研究结果可能是不稳定的. 但是从表 7-4 中可以看出, 观测变量总数对结果的影响却不显著 Horváhová (2010) 的研究表明当原文献研究采用相关关系或投资组合分析时, 环境和经济绩效之间出现负相关的可能性会增加, 但是在本研究的分析中, 我们发现, 随着样本量和研究国家范围的扩大, 统计方法对二者相关关系的影响变得不显著了, 这说明统计方法的选

用不会对研究结果产生显著性的影响. 但是, Probit 分析结果显示了恰当时间范围的重要性, 在前 3 个模型中, 原始文献测量的时间范围 (观测年数) 对结果均具有显著的影响. 本研究的实证研究还发现, 会计类经济指标对统计结果具有显著的影响, 这可能是因为会计类指标对过去信息的回顾, 是既成事实, 更具有可信度. 而其他两类指标则是包含了市场预期, 由于企业、社会公众等对环境绩效对经济绩效作用预期的立场各不相同, 因而结果也存在差异, 因此其对二者关系的作用不显著也就不足为奇了. 然而, 与 Horváhová (2010) 不同的是, 本研究的研究结果表明, 环境指标的类型 (定量或定性) 对二者之间的关系却没有显著的影响.

此外, 由表 7-4 还可以看出原始文献中研究的国家类型也会对结果产生显著的影响, 这与 Horváhová (2010) 和 Di Vita (2009) 的研究一致. 关于企业环境和经济绩效的研究最早开始于欧美国家, 有关中国和日本的研究只有 14 篇文献, 且大都集中于 2010 年和 2011 年. 欧美等发达国家具有完善的法律体系, 因此与其他地区相比也具有较低的环境污染. 但是环境绩效是环境管理实践的结果, 在环境管理实践中, 组织因素似乎具有更大的作用 (Florida, et al., 2001; Theyel, 2000), 这意味着, 中国等发展中国家完全可以通过立法等组织手段来提高环境质量的同时促进经济的发展. 最后, 行业因素对二者之间关系的影响也不显著, 这可能是由于样本量不足造成的, 还需要进一步的证实.

7.3.3 研究结论及不足之处

虽然以往的很多文献研究了环境和经济绩效之间的关系, 但是由于研究视角和样本数据的局限性, 使得这些研究存在较大的分歧, 甚至同一篇文献内也会出现相互矛盾的情况. 为了探讨这些研究结论不收敛的原因, 进而更为准确地分析环境和经济绩效之间的关系, 本研究运用 Meta 分析, 对 49 篇实证研究进行了有序 Probit 回归分析, 得到的主要结论如下:

第一, 研究的时间范围对环境和经济绩效间的正向关联有重要的影响, 这表明环境管理实践对经济绩效作用的实现需要时间, 企业从环境管理实践中获得的经济利益有长短期之分. 从短期来看, 非生产性的环境投资可能会挤占经济投资, 导致企业生产成本的增加, 但是从长期来看, 这一增加的成本可以带来企业生产率的改进、需求增加及其在供应链上的竞争优势等有形绩效和企业社会声誉等无形绩效, 而且环境绩效高的企业更容易适应越来越严格的环保法律. 这一结论在滞后年数这一变量的检验中得到了证实.

第二, 原文献选用的统计研究方法不会对二者之间关系产生显著影响. 统计方法只是研究工具, 如果所研究的问题, 样本量等是稳定的, 那么采用何种统计方法不应该产生相互矛盾的研究结果.

第三, 尽管控制环境污染排放的法规因为其高成本和无效率而受到了广泛的批评 (Dawson and Segerson, 2008), 本研究却发现, 环境法律法规比较严厉的欧美国家更容易出现环境和经济绩效之间的正向关联, 但是在环境法律法规的执行中, 组织因素发挥了更为重要的作用. 此外, 本研究发现环境绩效指标的选取并不重要, 但是会计类经济绩效指标对结果却具有比较显著的影响.

第四, 环境绩效指标的类型不会对结果产生显著的影响. 定性或定量的环境指标都是对企业环境行为/实践这一既定事实的描述, 因此只要统计方法适当, 评判标准恰当, 这两类指标不会有太大的差异; 但是, 由于会计类、市场类和托宾 Q 值等经济绩效指标反映了不同的信息, 如股票市场收益代表了股东的真实收益, 而会计类收益不能由股东直接获取 (Horváhová 2010). 因此, 经济类指标的不同会对二者之间的关系产生显著的影响.

当然, 尽管本研究试图全面搜集文献, 但是由于能力及条件的限制, 只对中文和英文的数据库进行了检索, 而且没有包含未发表的和其他语言的文献, 因此, Meta 分析中的选择性偏倚还是存在的.

积极有效的环境预防管理可以带来环境和经济绩效的共赢 (López-Gamero, et al., 2009; 胡曲应, 2012), 当前, 企业正在逐渐意识到与其产品及财务影响有关的环境和社会责任的重要性 (de Beer and Friend, 2006), 因此, 研究不同的环境规制对环境经济绩效的影响将会对环境法律/法规的执行具有重要的意义. 但是二者之间关系的方向问题需要经过长期的观察, 需要不同行业不同地区的实证数据的支撑, 以及不同模型研究结果的支撑. 此外还应该结合环境库兹涅茨曲线研究不同环境措施对经济绩效的作用方向及大小. 我国企业关于环境绩效及环境规制的统计数据非常欠缺, 本研究的研究可以为政府及企业建立相关的环境绩效数据库提供理论上的参考.

7.4　本 章 小 结

在无法获取微观企业层面环境及福利绩效数据的情况下, 在运用 Meta 分析方法搜集文献数据的基础上, 本章对现有文献研究中可能影响到环境绩效和经济绩效之间关系的因素进行了有序 Probit 回归分析. 其目的有两个: 一是希望从理论上论证二者之间的正向关系, 为企业的环境保护行为提供支撑; 二是确定影响二者之间关系的因素, 为后续研究及企业环境绩效指标的设计提供方向.

第8章 结论与展望

8.1 研 究 结 论

本研究以拓展生产率概念的内涵为出发点,分析了在生态环境日趋恶劣、社会福利水平难以有效提高的特殊情况下,拓展后的生产率在我国经济总体进行经济转型,实现可持续发展过程中的作用. 虽然与环境及福利相关的微观数据很难获取,但是,本研究试图将我国地区的发展与企业的研究相衔接,并取得了相应的成果,概括来讲,本研究的研究成果和结论如下.

(1) 本研究首先从马克思的《资本论》出发,结合经济的发展重新认识劳动过程和价值增值过程相统一的生产过程. 在生产过程中,资本驱动着劳动者超越其本身需求的限制,生产出社会再发展所需的物质要素,我们认为在社会主义制度下,剩余价值是经济体持续发展的基本来源. 基于此,结合刘源张的观点,本研究对生产率的概念进行了拓展,提出全生产率的概念. 拓展后的生产率概念不仅包含了传统的以实物度量的效率和以价值度量的效益,而且包含了环境和福利绩效的生产率,这一概念把环境、福利投入以及环境相关的产出纳入到生产率的计算中. 这一拓展有助于更加客观地认识生产率以及经济增长速度的变动,为本研究的后续研究提供了理论基础.

(2) 结合上述对生产率概念的拓展研究,本研究从生态系统的三个子系统,即经济、环境和社会福利子系统出发,对可持续发展的经济、环境和社会福利三个维度进行了分析,着重从环境和社会福利两个维度对社会经济能否实现持续发展进行了详细的分析,结合现有文献给出了本研究的环境和社会福利投入产出指标. 对我国环境现状的分析表明,从 2005 年实行节能减排政策之后,我国的环境污染有所改善,工业废水、SO_2 以及烟粉尘的排放呈现逐渐下降的趋势,但是与生活相关的污染却在增加. 对我国福利现状的分析表明,虽然居民收入随着经济的增长而增长,但是其增长速度与经济增长速度之间的差距却越来越大,这表明我国人民群众并未真正享受经济增长带来的好处,我们需要尽快进行经济转型,把发展的重点转移到社会福利和环境上来.

(3) 运用方向性距离函数,结合生产率的拓展概念,本研究运用 Malmquist-Luenberger 指数来考察中国实质的生产率增长,本研究对我国的 30 个省份进行了实证分析,计算了环境和福利导向的生产率以及全生产率指数,并将其与传统的

Malmquist 指数 (不包含污染排放等不良产出的生产率增长) 进行了比较. 实证结果表明, 把污染排放等因素加入到生产率的测量之后, 各地区内部的发展差距是明显的, 但是全生产率指数在全国范围内的差距正在逐渐缩小, 虽然趋势还不是很明显. 全生产率指数的地区差异性分析表明, 沿海经济比较发达的地区全生产率的发展状况不容乐观, 加入环境和福利因素之后, 这些地区的发展有的甚至落后于传统上的西部不发达地区[①]. 此外, 从整体上来看, 我国环境规制政策的作用正在逐步显现, 70% 以上地区的全生产率增长大于传统的生产率变化, 这说明, 在地区这一中观层面上, 我国的环境绩效和经济绩效之间呈现了正相关性, 这对经济社会的持续发展具有很好的作用.

(4) 最后, 由于无法获取企业层面环境和福利相关的数据, 本研究运用 Meta 分析法, 对已有的研究企业环境和经济绩效之间关系的文献进行了有序 Probit 分析, 结果表明, 在欧美等环境管理比较早的国家, 企业环境绩效和经济绩效之间呈现正相关关系, 而且研究期间的长短也会影响二者之间的关系, 这意味着地区或企业的环境行为对企业经济利益的作用具有滞后性, 但是从长远来看, 二者之间是一种正相关的关系, 因此, 我们认为我国有必要尽快建立企业层面相关的环境污染排放的数据, 为后续的研究及企业自身的发展提供数据支撑.

8.2　研究结论的理论和实践意义

8.2.1　理论价值

(1) 本研究对马克思的 "剩余价值" 进行了深层次的理解和领悟, 并把剩余价值看作是社会福利和再生产的重要来源. 在此基础上, 从生产过程出发, 对生产率的概念进行拓展, 除了传统的效率和效益测量外, 拓展后的生产率概念还包含了环境和福利因素, 这使得生产率能够与时俱进, 更加符合社会实际.

(2) 在无法获取各地区行业数据的情况下, 本研究对上海市 30 个工业行业的能源效率进行了估算, 并对其影响因素进行了分析, 这对该地区在环境及能源约束下实现产业转型升级具有理论指导意义.

(3) 在无法获取企业数据的情况下, 本研究对包含中国、日本、韩国等亚洲国家在内的环境和经济绩效之间关系的文献进行了 Meta 分析, 然后运用 Probit 模型对影响二者之间的相关关系的因素进行回归分析, 这为中国微观企业层面的研究及相应指标体系的建立提供了新思路.

---

①对区域全生产率进行测量的时候可能会出现经济越不发达, 全生产率越高的结论. 这可能与本书指标权重的设定有一定的关系. 但至少说明了以往先污染后治理的发展模式在理论上是不可取的.

8.2.2 实践意义

(1) 结合拓展后的生产率概念, 以及对环境和福利子系统的分析, 本研究计算了环境/福利导向的生产率以及全生产率. 实证分析表明, 我国北部、东部及南部沿海地区虽然取得了经济的长足发展, 但是这些地区的全生产率比较低, 三个沿海地区、长江中游以及东北地区甚至低于全国的平均水平, 这意味着在经济快速发展的同时, 这些地区的的环境污染排放也大大增加了; 而大西北、西南及黄河中游等地区[①]由于起步比较晚, 加上在其发展的起步阶段, 环境规制比较紧, 这些地区的企业更多地依靠前期预防而不是先污染后治理, 因此环境污染排放相对较低, 居民福利状况也比较有优势.

(2) 虽然中国企业层面的环境绩效与经济绩效之间关系的研究并没有很大的进展, 而且研究结果也大不相同, 但是地区间 ML 指数与传统 M 指数的比较说明, "十一五" 以来实行的节能减排政策取得了一定的成效, 环境规制所带来的环境绩效已经开始逐步对经济绩效产生了正相关的作用. 由此可见, 污染排放的降低并不必然挤占经济发展的资本和资源, 这为微观企业进行环境保护, 提高环境绩效提供了有效的依据.

(3) 经济发展越来越复杂, 仅仅依靠单一的经济增长指标已经不能对经济社会发展起到应有的指导作用, 本研究提出的环境/福利导向的生产率从投入和产出的角度来测量了经济的真实发展状况, 这一测量更加符合社会实践, 因此这一拓展及测量更加适合中国的国情, 可以对国家、地区乃至企业的真实发展状况提供可靠的测量方法, 具有重要实践意义.

8.3 局限性及有待进一步研究的问题

8.3.1 局限性

(1) 对环境/福利导向的生产率指标的选取还不够精准. 随着研究的不断深入, 越来越感觉到生产率对经济发展的重要性, 生产率不是万能的, 但是经济管理活动中的任何行为都与生产率是密不可分的. 虽然本研究对这一概念的拓展为更好地推进生产率的发展提供了一个思路, 但是距离真正有效地运用生产率来衡量经济体发展状况还有很长一段路要走.

(2) 本研究仅从区域视角对全生产率、环境/福利导向的生产率进行了粗略的分析, 由于地区层面的数据包含的信息十分综合, 而且各个地区具有不同的发展特

---

①不可否认, 近年来, 由于矿山的开采、森林的砍伐等, 中西部地区的沙漠化问题也日趋严重, 但是这些指标没有包含在本研究的研究框架之内, 本研究主要聚焦在工业污染上, 因此这些因素对中西部地区的影响需要进一步的研究.

点和区位优劣势, 国家政策的倾向性也会对地区的发展产生重要的影响, 这也可能导致分析的结果与各地区的现状存在偏差. 因此, 在后续研究中应当尽快找出环境/福利导向的生产率在微观企业的应用路径, 尤其是为了避免资源的浪费, 生产率这一概念在农村、城市居民生活中的应用还需要更深一步的研究.

(3) 在统计指标的选取上, 本研究也存在一定的不足. 文中所用的统计指标只是根据环境统计年鉴中废水、废气及固体废弃物的排放三个角度来选取的; 福利绩效的指标更是没有可参照的标准, 本研究选取的是与收入、教育、医疗卫生等与人民生活息息相关的指标. 这些指标体系的设计在后续研究中还需要进一步的细化和深入.

8.3.2　有待进一步研究的问题

生产率是经济社会发展的永恒主题, 生产率的测量理应在经济管理理论和实践领域具有重要的地位, 对生产率研究的探索不能因为它是一个古老的话题而停滞. 本研究认为在现有研究的基础上还可以从以下三个方面进行更加深入的研究.

(1) 生产率概念的进一步拓展. 由于生产率包含了丰富的信息, 结合经济社会的发展进程, 在不同的领域, 通过分析影响生产过程中生产率变化的因素, 可以对生产率概念进行更加详细和深入的拓展, 这还需要进行大量的研究. 本研究仅从可持续发展及生态环境的角度对生产率的概念进行定义, 而与生产率相关的其他经济问题如产业结构调整、就业、技术选择等所带来的生产率变化问题也值得深入研究.

(2) 中国以往发展的特点是拼资本、拼人力的高投入高排放的发展, 这使得我国大多数产品处于产业链的低端, 经济总体的生产效率比较低, 随着人口红利的逐步消失, 其增长也会越来越缓慢. 这一发展特点决定了很多西方的理论模式并不适合中国的发展实际, 而且中国, 尤其是沿海地区正在处于经济转型期, 这就要求我们立足本土, 寻求适应中国自身发展的理论体系. 如果说本研究的理论部分立足于中国的实际, 但是在实证部分所运用的理论和方法仍然来自于西方, 因此, 还需要进一步结合中国实际进行分析.

(3) 最早的 Malmquist-Luenberger 生产率指数分析是以微观企业为研究样本的, 但是由于在我国微观企业层面数据获取上的困难性, 本研究也仅仅对企业环境绩效和经济绩效之间关系的影响因素进行了理论上的分析, 在之后的研究中, 还需要结合具体的行业甚至是企业进行详细的分析.

总之, 本研究仅仅是在对生产率概念进行拓展的基础上, 研究了工业资源投入、社会福利投入以及工业污染排放在内的生产率问题, 并在微观企业层面研究了环境和经济绩效之间的关系, 希望这一尝试能够引起各方面的重视, 并且尽早构建企业层面的数据, 因为经济及生产率的主体是微观企业, 只有微观企业沿着正确的道路发展, 整体经济形式才会越来越好.

参 考 文 献

彼得·德鲁克. 2006. 管理前沿. 北京: 机械工业出版社.

陈华文, 刘康兵. 2004. 经济增长与环境质量: 关于环境库兹涅茨曲线的经验分析. 复旦学报 (社会科学版), 2: 87–94.

陈惠雄, 鲍海君. 2008. 经济增长、生态足迹与可持续发展能力: 基于浙江省的实证研究. 中国工业经济, (08): 5–14.

陈志良. 2002. 生产力跨越式发展及其当代特点. 中国人民大学学报, 16(2): 8–13.

戴昌钧. 2008. 上海要主动向更高级经济形态转型. 解放日报, T01. Retrieved from http://epub.edu.cnki.net/grid2008/brief/detailj.aspx?filename=JFRB20081002T012dbname=CCND2008

单豪杰. 2008. 中国资本存量 K 的再估算: 1952~2006 年. 数量经济技术经济研究, (10): 17–31.

丁伯根. 1991. 生产, 收入与福利. 北京: 北京经济学院出版社.

段美宁, 房斌, 廖华. 2011. 中国区域 GDP 发展质量评价 —— 基于方向距离函数的研究. 中国能源, (06): 21–27.

贺菊煌. 1992. 我国资产的估算. 数量经济技术经济研究, (08): 24–27.

胡曲应. 2012. 上市公司环境绩效与财务绩效的相关性研究. 中国人口、资源与环境, 142(06): 23–32.

胡锡琴, 曾海, 杨英明. 2007. 解析人类发展指数. 统计与决策, (01): 134–135.

金剑. 2007. 生产率增长测算方法的系统研究. 东北财经大学博士学位论文.

李宾. 2011. 我国资本存量估算的比较分析. 数量经济技术经济研究, (12): 21–36, 54.

李晶, 庄连平. 2008. HDI 是测度人类发展程度的可靠指数吗? 统计研究, (10): 63–67.

林毅夫, 蔡昉, 李周. 1994. 对赶超战略的反思. 战略与管理, (06): 1–12.

刘求实, 沈红. 1997. 区域可持续发展指标体系与评价方法研究. 中国人口、资源与环境, (04): 60–64.

刘思华. 1997. 对可持续发展经济的理论思考. 经济研究, (3): 46–54.

刘巍. 2003. "人均受教育年限" 三种计算方法的比较. 北京统计, (06): 19–20.

刘宇辉, 彭希哲. 2004. 中国历年生态足迹计算与发展可持续性评估. 生态学报, (10): 2257–2262.

刘源张. 1992. 我国工业生产率的管理思想、理论和实践. 国家自然科学基金重大项目: 我国工业生产率的管理理论与方法研究.

刘源张. 2014. 效率与效益: 中国工业生产率的问题. 北京: 科学出版社.

罗德明, 李晔, 史晋川. 2012. 要素市场扭曲、资源错置与生产率. 经济研究, (03): 4–14, 39.

罗亚非, 孟韬, 张杰军, 张赤东. 2010. 我国创新型试点企业创新能力差异分析. 科学与科学技术管理, (12): 23–28.

苗得雨, 周孝德, 程文, 李洋. 2006. 中国环境污染现状分析及防治管理措施. 水利科技与经济, (11): 751–753.

彭水军, 包群. 2006. 环境污染、内生增长与经济可持续发展. 数量经济技术经济研究, (09): 114–126, 140.

乔根森. 2001. 生产率 (第一卷: 战后美国经济增长). 北京: 中国发展出版社.

邵军, 徐康宁. 2011. 转型时期经济波动对我国生产率增长的影响研究. 经济研究, (12): 97–110.

范巧. 2012. 永续盘存法细节设定与中国资本存量估算: 1952 ~ 2009 年. 云南财经大学学报, (03): 42–50.

宋海岩, 刘淄楠, 蒋萍, 吴桂英. 2003. 改革时期中国总投资决定因素的分析. 世界经济文汇, (01): 44–56.

陶洪, 戴昌钧. 2007. 中国工业劳动生产率增长率的省域比较 —— 基于 DEA 的经验分析. 数量经济技术经济研究, (10): 100–107.

佟仁城, 刘源张. 1993. 部门全劳动生产率及相互作用分析. 系统工程理论与实践, (06): 1–10.

王艾青, 安立仁. 2004. 中国人力资本存量分析. 学术研究, (09): 26–32.

王德劲. 2007. 我国人力资本测算及其应用研究. 成都: 西南财经大学博士学位论文.

王剑, 雷晓峰, 皮向红, 钱炬炬. 2009. 技术效率测度方法研究综述. 沿海企业与科技, (09): 28–31.

王树同, 赵振军. 2005. 从流量到存量: 中国经济高增长中的低经济福利问题. 河北学刊, (04): 65–68.

王小鲁, 樊纲. 2000. 中国经济增长的可持续性 (Vol. 12). 北京: 经济科学出版社.

王玉振. 2012. 人类发展指数的修正与可持续发展的替代指标. 中国环境管理, (1): 59–64.

王志平. 2007. "人类发展指数"(HDI): 含义、方法及改进. 上海行政学院学报, (03): 47–57.

吴延瑞. 2008. 生产率对中国经济增长的贡献: 新的估计. 经济学 (季刊), (03): 827–842.

徐中民, 张志强, 程国栋. 2003. 中国 1999 年生态足迹计算与发展能力分析. 应用生态学报, 14(2): 280–285.

许崴. 2009. 社会福利增进与社会发展战略转型. 光明日报, 007.

杨东宁, 周长辉. 2004. 企业环境绩效与经济绩效的动态关系模型. 中国工业经济, (04): 43–50.

云伟宏. 2009. 中国人力资本估算及其对中国经济增长的贡献. 湖北经济学院学报, (04): 18–26.

张军, 施少华. 2003. 中国经济全要素生产率变动: 1952–1998. 世界经济文汇, (02): 17–24.

张军, 章元. 2003. 对中国资本存量 K 的再估计. 经济研究, (07): 35–43, 90.

张军, 吴桂英, 张吉鹏. 2004. 中国省际物质资本存量估算: 1952–2000. 经济研究, (10): 35–44.

章祥荪, 贵斌威. 2008. 中国全要素生产率分析: Malmquist 指数法评述与应用. 数量经济技术经济研究, (06): 111–122.

赵景柱, 梁秀英, 张旭东. 1999. 可持续发展概念的系统分析. 生态学报, (03): 105–110.

赵细康, 李建民, 王金营, 周春旗. 2005. 环境库兹涅茨曲线及在中国的检验. 南开经济研究, (03): 48–54.

郑功成. 2013. 中国社会福利的现状与发展取向. 中国人民大学学报, (02): 2–10.

诸大建. 2011. 可持续发展研究的 3 个关键课题与中国转型发展. 中国人口、资源与环境, 21(10): 35–39.

"中国经济观察" 研究组. 2007. 我国资本回报率估测 (1978–2006)—— 新一轮投资增长和经济景气微观基础. 经济学 (季刊), (03): 723–758.

Agarwal S, Rahman S, Errington A. 2009. Measuring the determinants of relative economic performance of rural areas. Journal of Rural Studies, 25(3): 309–321.

Alcott B. 2008. The sufficiency strategy: Would rich-world frugality lower environmental impact? Ecological Economics, 64(4): 770–786.

Al-Darrab I A. 2000. Relationships between productivity, efficiency, utilization, and quality. Work Study, 49(3): 97–104.

Ang B W. 2006. Monitoring changes in economy-wide energy efficiency: From energy–GDP ratio to composite efficiency index. Energy Policy, 34(5): 574–582.

Antti L, Harri L. 2012. Welfare service system productivity: the concept and its application. International Journal of Productivity and Performance Management, 61(2): 128–141.

Arrow K, Bolin B, Costanza R, Dasgupta P, Folke C, Holling C, Pimentel D. 1995. Economic growth, carrying capacity, and the environment. Science, 268(5210): 520–521.

Asheim G B. 2011. Comparing the welfare of growing economies. Revue D Economie Politique, 121(1): 59–72.

Ashenfelter O, Harmon C, Oosterbeek H. 1999. A review of estimates of the schooling/earnings relationship, with tests for publication bias. Labour Economics, 6(4): 453–470.

Atkinson S E, Dorfman J H. 2005. Bayesian measurement of productivity and efficiency in the presence of undesirable outputs: crediting electric utilities for reducing air pollution. Journal of Econometrics, 126(2): 445–468.

Barro R J, Lee J W. 1993. International comparisons of educational attainment. Journal of Monetary Economics, 32(3): 363–394.

Barro R, Martin S I. 2004. Economic Growth. 2nd ed. Cambridge: MIT Press.

Basu D, Foley D K. 2011. Dynamics of Output and Employment in the US Economy. Retrieved from http://scholarworks.umass.edu/econ_workingpaper/111/.

Baumgärtner S, Quaas M. 2010. Sustainability economics - General versus specific, and conceptual versus practical. Ecological Economics, 69(11): 2056–2059.

Beckerman W. 1992. Economic growth and the environment: Whose growth? whose environment? World Development, 20(4): 481–496.

Bellenger M J, Herlihy A T. 2009. An economic approach to environmental indices. Ecological Economics, 68(8–9): 2216–2223.

Ben-Porath Y. 1967. The production of human capital and the life cycle of earnings. The Journal of Political Economy, 75(4): 352–365.

Bernolak I. 1997. Effective measurement and successful elements of company productivity: The basis of competitiveness and world prosperity. International Journal of Production Economics, 52(1-2): 203–213.

Bijmolt T A, Pieters R M. 2001. Meta-Analysis in Marketing when Studies Contain Multiple Measurements. Marketing Letters, 12(2): 157–169.

Bils M, Klenow P J. 2000. Does schooling cause growth? American economic review, 90(5): 1160–1183.

Bimonte S. 2009. Growth and environmental quality: Testing the double convergence hypothesis. Ecological Economics, 68(8-9): 2406–2411.

Blum J P. 1995. Corporate environmental responsibility and corporate economic performance: An empirical study of the environmental involvement of the top 150 US. and Swiss Banks. Journal of International Business Studies, 26(3): 682–682.

Boarini R, Johansson A, Mira d'Ercole M. 2006. Alternative measures of well-being: OECD Economics Department Working Papers No. 476 and Social, Employment and Migration. Alternative measures of well-being: OECD Economics Department Working Papers No. 476 and Social, Employment and Migration, 33.

Bradshaw Y W. 1996. Global Inequalities: Thousand Oaks, California: Pine Forge Press.

Brady D, Kaya Y, Beckfield J. 2007. Reassessing the effect of Economic Growth on Well-being in Less-developed Countries, 1980–2003. Studies in Comparative International Development, 42(1-2): 1–35.

Caves D W, Christensen L R, Diewert W E. 1982. The economic theory of index numbers and the measurement of input, output, and productivity. Econometrica: journal of the econometric society, 50(6): 1393–1414.

Cavlovic T A, Baker K H, Berrens R P, Gawande K. 2000. A meta-analysis of environmental Kuznets curve studies. Agricultural and Resource Economics Review, 29(1): 32–42.

Chambers R G, Chung Y, Färe R. 1996. Benefit and distance functions. Journal of Economic Theory, 70(2): 407–419.

Chambers R G, Chung Y, Färe R. 1998. Profit, directional distance functions, and nerlovian efficiency. Journal of Optimization Theory and Applications, 98(2): 351–364.

Chang T P, Hu J L. 2010. Total-factor energy productivity growth, technical progress, and efficiency change: An empirical study of China. Applied Energy, 87(10): 3262–3270.

Charnes A, Cooper W W, Rhodes E. 1978. Measuring the efficiency of decision making units. European Journal of Operational Research, 2(6): 429–444.

Chew W B. 1988. No-nonsense guide to measuring productivity. Harvard Business Review, 66(1): 110–118.

Chow G C. 1993. Capital formation and economic growth in China. The Quarterly Journal of Economics, 108(3): 809–842.

Christmann P. 2000. Effect of "Best practices" of environmental management on cost advantage: the role of complemetary assets. Academy of Management journal, 43(4): 663–680.

Christopher W F, Thor C G. 1993. Handbook for Productivity Measurement and Improvement: Portland. Oregon: Productivity Press

Chung Y H, Färe R, Grosskopf S. 1997. Productivity and undesirable outputs: A directional distance function approach. Journal of Environmental Management, 51(3): 229–240.

Clarke M, Islam S M N. 2005. Diminishing and negative welfare returns of economic growth: an index of sustainable economic welfare (ISEW) for Thailand. Ecological Economics, 54(1): 81–93.

Clarke M. 2004. Widening development prescriptions: policy implications of an Index of Sustainable Economic Welfare (ISEW) for Thailand. International Journal of Environment and Sustainable Development, 3(3): 262–275.

Cobb C, Halstead T, Rowe J. 1995. If the GDP is up, why is America down? ATLANTIC-BOSTON-, 276: 59–79.

Coelli T. 2005. An Introduction to Efficiency and Productivity Analysis. New York: Springer Verlag.

Coggins J S, Swinton J R. 1996. The Price of Pollution: A dual approach to valuing SO_2 allowances. Journal of Environmental Economics and Management, 30(1): 58–72.

Cole M A, Rayner A J, Bates J M. 1997. The environmental Kuznets curve: an empirical analysis. Environment and Development Economics, 2(04): 401–416.

Commission E. 2002. Towards a strategy to protect and conserve the marine environment. Communication from the Commission to the Council and the European Parliament, Commission of the European Communities, Brussels.

Cropper M L, Oates W E. 1992. Environmental economics: a survey. Journal of Economic Literature, 675–740.

Daly H E, Cobb J. 1989. For the Common Good: Redirecting the Economy Toward Community, the Environment and a Sustainable Future. Boston: Beacon Press.

Daly H E. 1974. The Economics of the Steady State. The American Economic Review, 64(2): 15–21.

Daly H E. 1990. Sustainable growth: A bad oxymoron. Environmental Carcinogenesis Reviews, 8(2): 401–407.

Daly H E. 1997. Beyond Growth: The Economics of Sustainable Development: Boston: Beacon Press.

Daly H E. 2007. Ecological Economics And Sustainable Development: Selected Essays of Herman Daly. Northampton, MA: Edward Elgar Publishing.

Daly H E. 2008. Ecological Economics and Sustainable Development: Selected Essays of Herman Daly. Northampton, MA: Edward Elgar Publishing.

Darnall N, Sides S. 2008. Assessing the performance of voluntary environmental programs: does certification matter? Policy Studies Journal, 36(1): 95–117.

Dasgupta S, Laplante B, Wang H, Wheeler D. 2002. Confronting the environmental Kuznets curve. The Journal of Economic Perspectives, 16(1): 147–168.

Dawson N L, Segerson K. 2008. Voluntary agreements with industries: Participation incentives with industry-wide targets. Land Economics, 84(1): 97–114.

de Beer P, Friend F. 2006. Environmental accounting: A management tool for enhancing corporate environmental and economic performance. Ecological Economics, 58(3): 548–560.

Debreu G. 1951. The coefficient of resource utilization. Econometrica: journal of the econometric society, 273–292.

Decancq K, Lugo M A. 2012. Weights in multidimensional indices of wellbeing: An overview. Econometric reviews, 32(1): 7–34.

Decancq K, Ooghe E. 2010. Has the world moved forward? A robust multidimensional evaluation. Economics letters, 107(2): 266–269.

Del Gatto M, Di Liberto A, Petraglia C. 2011. Measuring productivity. Journal of Economic Surveys, 25(5): 952–1008.

Denison E F. 1962. The sources of economic growth in the United States and the alternatives before us (Vol. 13). New York: Committee for Economic Development New York.

Denison E F. 1971. Welfare measurement and the GNP. Survey of Current Business, 51: 13–16.

Di Vita G. 2009. Legal families and environmental protection: Is there a causal relationship? Journal of Policy Modeling, 31(5): 694–707.

Dowell G, Hart S, Yeung B. 2000. Do corporate global environmental standards create or destroy market value? Management Science, 46(8): 1059–1074.

Earnhart D, Lizal L. 2007a. Does better environmental performance affect revenues, cost, or both? Evidence from a transition economy. Open Access publications from Charles University in Prague, Center for Economic Research and Graduate Education.

Earnhart D, Lizal L. 2007b. Effect of pollution control on corporate financial performance in a transition economy. European Environment, 17(4): 247–266.

EEA. 2012. Environmental indicator report 2012 - Ecosystem resilience and resource efficiency in a green economy in Europe. Retrieved from http://www.eea.europa.eu/publications/environmental-indicator-report-2012

Elsayed K, Paton D. 2005. The impact of environmental performance on firm performance: static and dynamic panel data evidence. Structural Change and Economic Dynamics, 16(3): 395–412.

Eom J, Clarke L, Kim S H, Kyle P, Patel P. 2012. China's building energy demand: Long-term implications from a detailed assessment. Energy, 46(1): 405–419.

Esty D C, Porter M E. 1998. Industrial ecology and competitiveness. Journal of Industrial Ecology, 2(1): 35–43.

Färe R, Grosskopf S, Hernandez-Sancho F. 2004. Environmental performance: an index number approach. Resource and Energy Economics, 26(4): 343–352.

Färe R, Grosskopf S, Lindgren B, Roos P. 1989. Productivity developments in Swedish hospitals: a Malmquist Output Index approach// Charnes A Ed. Data Envelopment Analysis: Theory, Methodology and Applications. Dordrecht: Kluwer Academic Publishers.

Färe R, Grosskopf S, Lovell C A K, Yaisawarng S. 1993. Derivation of shadow prices for undesirable outputs: A distance function approach. The Review of Economics and Statistics, 75(2): 374–380.

Färe R, Grosskopf S, Lovell C A K. 1994. Production Frontiers. Cambridge: Cambridge University Press.

Färe R, Grosskopf S, Noh D W, Weber W. 2005. Characteristics of a polluting technology: theory and practice. Journal of Econometrics, 126(2): 469–492.

Färe R, Grosskopf S, Pasurka J C A. 2001. Accounting for Air Pollution Emissions in Measures of State Manufacturing Productivity Growth. Journal of Regional Science, 41(3): 381–409.

Färe R, Grosskopf S, Pasurka Jr C A. 2007. Environmental production functions and environmental directional distance functions. Energy, 32(7): 1055–1066.

Färe R, Grosskopf S, Tyteca D. 1996. An activity analysis model of the environmental performance of firms - application to fossil-fuel-fired electric utilities. Ecological Economics, 18(2): 161–175.

Färe R, Grosskopf S, Weber W L. 2006. Shadow prices and pollution costs in U.S. agriculture. Ecological Economics, 56(1): 89–103.

Färe R, Primont D. 1995. Multi-output Production and Duality: Theory and Applications. Boston: Kluwer Academic Publishers.

Farrell M J. 1957. The measurement of productive efficiency. Journal of the Royal Statistical Society. Series A (General), 120(3): 253–290.

Firebaugh G, Beck F D. 1994. Does economic growth benefit the masses? Growth, dependence, and welfare in the Third World. American Sociological Review, 59(5): 631–653.

Fleiter T, Fehrenbach D, Worrell E, Eichhammer W. 2012. Energy efficiency in the German pulp and paper industry - A model-based assessment of saving potentials. Energy, 40(1): 84–99.

Fleurbaey M. 2009. Beyond GDP: The quest for a measure of social welfare. Journal of Economic Literature, 47(4): 1029–1075.

Florida R, Atlas M, Cline M. 2001. What makes companies green? Organizational and geographic factors in the adoption of environmental practices*. Economic Geography, 77(3), 209–224.

Foley D K. 2011. The political economy of US output and employment 2001–2010. Paper presented at the Presentation to conference of the "Institute for New Economic Thinking," April.

Foley D K. 2012. Dilemmas of economic growth. Eastern Economic Journal, 38(3): 283–295.

Fournier V. 2008. Escaping from the economy: the politics of degrowth. International Journal of Sociology and Social Policy, 28(11): 528–545.

Frey B S, Stutzer A. 2002. What can economists learn from happiness research? Journal of Economic Literature, 40(2): 402–435.

Fujii H, Iwata K, Kaneko S, Managi S. 2013. Corporate environmental and economic performance of Japanese manufacturing firms: Empirical study for sustainable development. Business Strategy and the Environment, 22(3): 187–201.

Gil S, Sleszynski J. 2003. An index of sustainable economic welfare for Poland. Sustainable Development, 11(1): 47–55.

Gimlin D, Rule J, Sievers S. 2000. The uneconomic growth of computing. Sociological Forum15(3): 485–510.

Goetz S J, Ready R C, Stone B. 1996. U.S. Economic growth vs. environmental conditions. Growth and Change, 27(1): 97–110.

Goldsmith R W. 1951. Part I, A perpetual inventory ol national wealth. studies in Income and Wealth, 14: 5–74

Griffin J J, Mahon J F. 1997. The corporate social performance and corporate financial performance debate twenty-five years of incomparable research. Business & Society, 36(1): 5–31.

Gross B. 1974. Destructive decision-making in developing countries. Policy Sciences, 5(2): 213–236.

Grossman E. 1993. How to Measure Company Productivity: Handbook for Productivity Measurement and Improvement. MA: Cambridge University Press.

Guenno G, Tiezzi S. 1998. The index of sustainable economic welfare (ISEW) for Italy. http://papers.ssrn.com/sol3/papers.cfm?abstract_id=121989.

Hailu A, Veeman T S. 2001. Non-parametric productivity analysis with undesirable outputs: an application to the Canadian pulp and paper industry. American Journal of Agricultural Economics, 83(3): 605–616.

Hamilton C. 2004. Growth Fetish (Vol. 206). London: Pluto Press London.

Han Z Y, Fan Y, Jiao J L, Yan J S, Wei Y M. 2007. Energy structure, marginal efficiency and substitution rate: An empirical study of China. Energy, 32(6): 935–942.

Hannula M. 2002. Total productivity measurement based on partial productivity ratios. International Journal of Production Economics, 78(1): 57–67.

Harbison F H. 1973. Human Resources as the Wealth of Nations. London: Oxford University Press.

Harinder S, Jaideep M, Ashok K. 2000. A review and analysis of the state-of-the-art research on productivity measurement. Industrial Management Data Systems, 100(5): 234–241.

Hart S L, Ahuja G. 1996. Does it pay to be green? An empirical examination of the relationship between emission reduction and firm performance. Business Strategy and the Environment, 5(1): 30–37.

Harvey D. 1999. The Limits to Capital. London: Verso.

Hediger W. 2000. Sustainable development and social welfare. Ecological Economics, 32(3): 481–492.

Hicks N, Streeten P. 1979. Indicators of development: The search for a basic needs yardstick. World Development, 7(6): 567–580.

Hill T. 1993. Manufacturing Strategy: the Strategic Management of the Manufacturing Function: Basingstoke, Hampshire: Palgraue Macmillian.

Holz C A. 2006. New capital estimates for China. China Economic Review, 17(2): 142–185.

Honma S, Hu J L. 2009. Total-factor energy productivity growth of regions in Japan. Energy Policy, 37(10): 3941–3950.

Horváhová E. 2010. Does environmental performance affect financial performance? A meta-analysis. Ecological Economics, 70(1): 52–59.

Hu J L, Wang S C. 2006. Total-factor energy efficiency of regions in China. Energy Policy, 34(17): 3206–3217.

Hueting R. 1996. Three persistent myths in the environmental debate. Ecological Economics, 18(2): 81–88.

Jackson T, Marks N. 1994. Measuring sustainable economic welfare: a pilot index: 1950-1990: Stockholm: Stockholm Environment Institute.

Jaggi B, Freedman M. 1992. An examination of the impact of pollution performance on economic and market performance: pulp and paper firms. Journal of Business Finance Accounting, 19(5): 697–713.

Jones C I, Klenow P J. 2010. Beyond GDP? Welfare across countries and time. Retrieved from http://www.nber.org/papers/w16352

Jorgenson D W, Griliches Z. 1967. The explanation of productivity change. The Review of Economic Studies, 34(3): 249–283.

Kahn M E. 1998. A household level environmental Kuznets curve. Economics letters, 59(2): 269–273.

Kallis G, Martinez-Alier J, Norgaard R B. 2009. Paper assets, real debts: An ecological-economic exploration of the global economic crisis. critical perspectives on international business, 5(1/2): 14–25.

Kallis G. 2011. In defence of degrowth. Ecological Economics, 70(5): 873–880.

Kaplan R S, Cooper R. 1998. Cost & Effect: Using Integrated Cost Systems to Drive Profitability and Performance. Boston: Harvard Business Press.

Karagozoglu N, Lindell M. 2000. Environmental Management: Testing the Win ‐ Win Model. Journal of Environmental Planning and Management, 43(6): 817–829.

Keilbach M. 1995. Estimation of the value of the marginal product of emission in a country where emissions output is regulated - an empirical study. Environmental and Resource Economics, 5(3): 305–319.

Kenny C. 2005. Does development make you happy? Subjective wellbeing and economic growth in developing countries. Social Indicators Research, 73(2): 199–219.

King A A, Lenox M J. 2001. Does it really pay to be green? An empirical study of firm environmental and financial performance. Journal of Industrial Ecology, 5(1): 105–116.

King A, Lenox M. 2002. Exploring the locus of profitable pollution reduction. Management Science, 48(2): 289–299.

Klassen R D, Whybark D C. 1999. The impact of environmental technologies on manufacturing performance. Academy of Management journal, 42(6): 599–615.

Komen M H C, Gerking S, Folmer H. 1997. Income and environmental RD: empirical evidence from OECD countries. Environment and Development Economics, 2(04): 505–515.

Konar S, Cohen M A. 2001. Does the market value environmental performance? Review of Economics and Statistics, 83(2): 281–289.

Koopmans T C. 1951. Analysis of production as an efficient combination of activities. Activity analysis of production and allocation, 13: 33–37.

Krausmann F, Gingrich S, Eisenmenger N, Erb K H, Haberl H, Fischer-Kowalski M. 2009. Growth in global materials use, GDP and population during the 20th century. Ecological Economics, 68(10): 2696–2705.

Krugman P R. 1997. The Age of Diminished Expectations: US Economic Policy in the 1990s. Cambridge, MA: MIT Press.

Kumar S. 2006. Environmentally sensitive productivity growth: A global analysis using Malmquist–Luenberger index. Ecological Economics, 56(2): 280–293.

Kuznets S S, Epstein L, Jenks E. 1941. National Income and its Composition, 1919-1938 (Vol. 1). New York: National Bureau of Economic Research.

Kuznets S. 1968. Toward a Theory of Economic Growth: With "Reflections on the Economic Growth of Modern Nations": New York: Norton.

Kwon H j. 2009. The reform of the developmental welfare state in East Asia. International Journal of Social Welfare, 18: S12–S21.

López-Gamero M D, Molina-Azorín J F, Claver-Cortés E. 2009. The whole relationship between environmental variables and firm performance: Competitive advantage and firm resources as mediator variables. Journal of Environmental Management, 90(10): 3110–3121.

Lankoski L. 2000. Determinants of environmental profit: An analysis of the firm-level relationship between environmental performance and economic performance. Helsinki University of Technology Institute of Strategy and International Business Doctoral Dissertation.

Lans Bovenberg A, Smulders S. 1995. Environmental quality and pollution-augmenting technological change in a two-sector endogenous growth model. Journal of Public Economics, 57(3): 369–391.

Latouche S. 2010. Farewell to Growth: Cambridge: Polity Press.

Lawn P A, Clarke M. 2008. Sustainable Welfare in the Asia-Pacific: Studies Using the Genuine Progress Indicator. Cheltenham, UK: Edward Elgar.

Lawn P, Sanders R. Has Australia surpassed its optimal macroeconomic scale: finding out with the aid of 'benefit' and 'cost' accounts and a sustainable net benefit index. Ecological Economics, 1999, 28: 213–229.

Lawn P A. 2007. Frontier Issues in Ecological Economics. Cheltenham, UK: Edward Elgar.

Lawn P, Clarke M. 2010. The end of economic growth? A contracting threshold hypothesis. Ecological Economics, 69(11): 2213–2223.

Layard R. 2006. Happiness: Lessons From a New Science: Penguin. New York: Penguin Press.

Lee J D, Park J B, Kim T Y. 2002. Estimation of the shadow prices of pollutants with production/environment inefficiency taken into account: a nonparametric directional distance function approach. Journal of Environmental Management, 64(4): 365–375.

Lipsey M W, Wilson D B. 2001. Practical Meta-analysis. Thousand Oaks, CA: SAGE Publications Incorporated.

Lomborg B. 2001. The Skeptical Environmentalist: Measuring the Real State of the World. New York: Cambridge University Press.

Lovell C K, Travers P, Richardson S, Wood L. 1994. Resources and Functionings: a New View of Inequality in Australia, Models and Measurement of Welfare and Inequality. Berlin: Springer.

Luenberger D G. 1995. Microeconomic Theory. Boston: McGraw-Hill.

Ma C, Stern D I. 2008. China's changing energy intensity trend: A decomposition analysis. Energy Economics, 30(3): 1037–1053.

Mahadea D. 2008. Economic growth, income and happiness: an exploratory study. South African Journal of Economics, 76(2): 276–290.

Mankiw N G, Romer D, Weil D N. 1992. A contribution to the empirics of economic growth. The Quarterly Journal of Economics, 107(2): 407–437.

Marmolejo-Correa D, Gundersen T. 2012. A comparison of exergy efficiency definitions with focus on low temperature processes. Energy, 44(1): 477–489.

Martímez-Alier J, Pascual U, Vivien F D, Zaccai E. 2010. Sustainable de-growth: Mapping the context, criticisms and future prospects of an emergent paradigm. Ecological Economics, 69(9): 1741–1747.

Martínez-Alier J. 2012. Environmental justice and economic degrowth: an alliance between two movements. Capitalism Nature Socialism, 23(1): 51–73.

Marx K. 1976. Capital: A Critique of Political Economy. London: Penguin Group.

Max-Neef M. 1995. Economic growth and quality of life: a threshold hypothesis. Ecological Economics, 15(2): 115–118.

McGillivray M. 1991. The human development index: Yet another redundant composite development indicator? World Development, 19(10): 1461–1468.

McLellan D. 1980. Marx's Grundrisse: London: Macmillan.

McWilliams A, Siegel D. 2001. Corporate social responsibility: A theory of the firm perspective. Academy of management review, 26(1): 117–127.

Meadows D H, Meadows D L, Randers J. 1992. Beyond the Limits: Global Collapse or A Sustainable Future. London: Earthscan Publications.

Menguc B, Auh S, Ozanne L. 2010. The Interactive Effect of Internal and External Factors on a Proactive Environmental Strategy and its Influence on a Firm's Performance. Journal of Business Ethics, 94(2): 279–298.

Midgley J, Tang K l. 2001. Introduction: social policy, economic growth and developmental welfare. International Journal of Social Welfare, 10(4): 244–252.

Morrisson C, Murtin F. 2005. The World Distribution of Human Capital, Life Expectancy and Income: A Multi-dimensional Approach. London: London School of Economics.

Mousavi-Avval S H, Rafiee S, Jafari A, Mohammadi A. 2011. Improving energy use efficiency of canola production using data envelopment analysis (DEA) approach. Energy, 36(5): 2765–2772.

Mulligan C B, Sala-i-Martin X. 1997. A labor income-based measure of the value of human capital: An application to the states of the United States. Japan and the World Economy, 9(2): 159–191.

Munksgaard J, Christoffersen L B, Keiding H, Pedersen O G, Jensen T S. 2007. An environmental performance index for products reflecting damage costs. Ecological Economics, 64(1): 119–130.

Murty S, Robert Russell R, Levkoff S B. 2012. On modeling pollution-generating technologies. Journal of Environmental Economics and Management, 64(1): 117–135.

Narayan P K, Wong P. 2009. A panel data analysis of the determinants of oil consumption: the case of Australia. Applied Energy, 86(12): 2771–2775.

Nelson J, Kennedy P. 2009. The Use (and Abuse) of Meta-Analysis in Environmental and Natural Resource Economics: An Assessment. Environmental and Resource Economics, 42(3): 345–377.

Niccolucci V, Pulselli F M, Tiezzi E. 2007. Strengthening the threshold hypothesis: Economic and biophysical limits to growth. Ecological Economics, 60(4): 667–672.

Nishitani K. 2011. An Empirical Analysis of the Effects on Firms' Economic Performance of Implementing Environmental Management Systems. Environmental Resource Economics, 48(4): 569–586.

Noorbakhsh F. 2006. International convergence or higher inequality in human development? Evidence for 1975 to 2002: Research Paper, UNU-WIDER, United Nations University (UNU).

Nordhaus W D. 2001. Alternative methods for measuring productivity growth. Retrieved from http://www.nber.org/papers/w8095.

O'Donnell C J. 2010. Measuring and decomposing agricultural productivity and profitability change*. Australian Journal of Agricultural and Resource Economics, 54(4): 527–560.

O'Donnell C J. 2011. DPIN 3.0 a Program for Decomposing Productivity Index Numbers. Australia: The University of Queensland Center for Efficiency and Productivity Anlysis.

O'Donnell C J. 2012a. An aggregate quantity framework for measuring and decomposing productivity change. Journal of Productivity Analysis, 38(3): 255–272.

O'Donnell C J. 2012b. Nonparametric Estimates of the Components of Productivity and Profitability Change in U.S. Agriculture. American Journal of Agricultural Economics, 94(4): 873–890.

OECD. 1973. List of Social Concerns Common to Most OECD Countries. Organisation for Economic Cooperation and Development. Parris(France).

OECD. 1998. Co-operative Approaches to Sustainable Agriculture. Paris: OECD publishing.

Oikonomou V, Becchis F, Steg L, Russolillo D. 2009. Energy saving and energy efficiency concepts for policy making. Energy Policy, 37(11): 4787–4796.

Olson M. 1974. Measuring quality of life. Resources, (46): 1–2.

Palmer K, Oates W E, Portney P R. 1995. Tightening environmental standards: the benefit-cost or the no-cost paradigm? The Journal of Economic Perspectives, 9(4): 119–132.

Panayotou T. 2003. Economic growth and the environment (0070-8712). http://staging.unece.org/fileadmin/DAM/ead/pub/032/032_c2.pdf.

Pearce D. 1992. Economics and the environment. Geography Review, 6(2): 27–30.

Picazo-Tadeo A J, Prior D. 2009. Environmental externalities and efficiency measurement. Journal of Environmental Management, 90(11): 3332–3339.

Pigou A C. 1924. The Economics of Welfare. London: Macmillan.

Porter M E, Vanderlinde C. 1995. Toward a new conception of the environment-competitiveness relationship. Journal of Economic Perspectives, 9(4): 97–118.

Porter M. 1991. American's green strategy. Scientific American, 264(4): 168.

Psacharopoulos G, Hinchliffe K. 1973. Returns to Education: An International Comparison. San Francisco: Elsevier Scientific Publishing Company Amsterdam.

Raa T T, Mohnen P. 2002. Neoclassical growth accounting and frontier analysis: A synthesis. Journal of Productivity Analysis, 18(2): 111–128.

Rahman S, Salim R. 2013. Six decades of total factor productivity change and sources of growth in Bangladesh agriculture (1948–2008). Journal of Agricultural Economics, 64(2): 275–294.

Rao X, Wu J, Zhang Z, Liu B. 2012. Energy efficiency and energy saving potential in China: An analysis based on slacks-based measure model. Computers & Industrial Engineering, 63(3): 578–584.

Reinhardt F L. 2000. Down to Earth: Applying Business Principles to Environmental Management. Boston: Harvard Business Press.

Remmen A, Lorentzen B. 2000. Employee participation and cleaner technology: learning processes in environmental teams. Journal of Cleaner Production, 8(5): 365–373.

Renuka M, Kalirajan K. 1999. On measuring total factor productivity growth in Singapore's manufacturing industries. Applied Economics Letters, 6(5): 295–298.

Reuten G. 2004. Productive Force and the Degree of Intensity of Labour: Marx's Concepts and Formalizations in the Middle Part of Capital I. Basingstoke: Palgrave.

Rockström J, Steffen W, Noone K, Persson A, Chapin III F, Lambin E, Schellnhuber H. 2009. Planetary boundaries: exploring the safe operating space for humanity. Ecology and Society 14(2): 32-65.

Rockstrom J, Steffen W, Noone K, Persson A, Chapin F S, Lambin E F, Foley J A. 2009. A safe operating space for humanity. Nature, 461(7263): 472–475.

Rothman D S. 1998. Environmental Kuznets curves - real progress or passing the buck? A case for consumption-based approaches. Ecological Economics, 25(2): 177–194.

Russo M V, Fouts P A. 1997. A resource-based perspective on corporate environmental performance and profitability. Academy of Management journal, 40(3): 534–559.

Sachs J D. 2005. Can extreme poverty be eliminated? Scientific American, 293(3): 56–65.

Sacks D W, Stevenson B, Wolfers J. 2010. Subjective well-being, income, economic development and growth. General information, 2010(10): 561–562.

Sarkis J, Cordeiro J J. 2001. An empirical evaluation of environmental efficiencies and firm performance: Pollution prevention versus end-of-pipe practice. European Journal of Operational Research, 135(1): 102–113.

Schaltegger S, Synnestvedt T. 2002. The link between 'green' and economic success: environmental management as the crucial trigger between environmental and economic performance. Journal of Environmental Management, 65(4): 339–346.

Schneider F, Kallis G, Martinez-Alier J. 2010. Crisis or opportunity? Economic degrowth for social equity and ecological sustainability. Introduction to this special issue. Journal of Cleaner Production, 18(6): 511–518.

Sen A K. 1999. Beyond the Crisis: Development Strategies in Asia. Singapore: Institute of Southeast Asian.

Sen A. 1976. Real national income. The Review of Economic Studies, 43(1): 19–39.

Shafik N. 1994. Economic development and environmental quality: An econometric analysis. Oxford Economic Papers, 46: 757–773.

Shephard R W. 1953. Cost and Production Functions. Princeton: Princeton University Press.

Sink D S, Tuttle T C. 1989. Planning and Measurement in your Organization of the Future. Norcross, GA: Industrial Engineering and Management Press.

Sink D S. 1983. Much do about productivity: where do we go from here. Industrial Engineering, 15(10): 36–48.

Smith M L, Glass G V. 1977. Meta-analysis of psychotherapy outcome studies. American psychologist, 32(9): 752–760.

Solow R M. 1957. Technical change and the aggregate production function. The Review of Economics and Statistics, 39(3): 312–320.

Spangenberg J H. 2004. Reconciling sustainability and growth: criteria, indicators, policies. Sustainable Development, 12(2): 74–86.

Stainer A. 1997. Capital input and total productivity management. Management Decision, 35(3): 224–232.

Stanley T D, Jarrell S B. 1989. Meta-regression analysis: a quantitative method of literature surveys. Journal of Economic Surveys, 3(2): 161–170.

Stanley T D. 2001. Wheat from chaff: Meta-analysis as quantitative literature review. The Journal of Economic Perspectives, 15(3): 131–150.

Stefan A, Paul L. 2008. Does it pay to be green? A systematic overview. The Academy of Management Perspectives, 22(4): 45–62.

Stiglitz J E. 2009. GDP fetishism. The Economist's Voice, 6(8): 1553–3832

Stiglitz J, Sen A, Fitoussi J. 2009. Report by the Commission on the Measurement of Economic Performance and Social Progress. http://www.citymaking.com/wp-content/uploads/2010/01/19784660-Happiness-and-Measuring-Economic-Progress-by-Joseph-Stiglitz.pdf.

Stockhammer E, Hochreiter H, Obermayr B, Steiner K. 1997. The index of sustainable economic welfare (ISEW) as an alternative to GDP in measuring economic welfare. The results of the Austrian (revised) ISEW calculation 1955–1992. Ecological Economics, 21(1): 19–34.

Stoll S. 2008. Fear of Fallowing The specter of a no-growth world. HARPERS. Retrieved from http://harpers.org/archive/2008/03/fear-of-fallowing/2/.

Streeten P. 1994. Human development: means and ends. The American Economic Review, 84(2): 232–237.

Sumanth D J. 1984. Productivity Engineering and Management. New York: McGraw-Hill Press.

Tangen S. 2002. Understanding the concept of productivity. Paper presented at the Proceedings of the 7th Asia-Pacific Industrial Engineering and Management Systems Conference Taipei.

Telle K. 2006. "It pays to be green" - A premature conclusion? Environmental and Resource Economics, 35(3): 195–220.

Theyel G. 2000. Management practices for environmental innovation and performance. International Journal of Operations & Production Management, 20(2): 249–266.

Tobin J. 1958. Estimation of relationships for limited dependent variables. Econometrica, (26): 24–36.

Treasury H. 2001. Productivity in the UK: Progress towards a Productive Economy. London: Department of Trade and Industry.

UNDP. 1990. Human Development Report 1990. New York: Oxford University Press.

UNECOSOC. 2001. Implementing agenda 21: report of the secretary-general. Retrieved from http://iefworld.org/wssd_sg.htm.

Unruh G C, Moomaw W R. 1998. An alternative analysis of apparent EKC-type transitions. Ecological Economics, 25(2): 221–229.

van den Bergh J C J M. 2009. The GDP paradox. Journal of Economic Psychology, 30(2): 117–135.

van den Bergh J C J M. 2011. Environment versus growth - A criticism of "egrowth" and a plea for "a-growth". Ecological Economics, 70(5): 881–890.

Vemuri A W, Costanza R. 2006. The role of human, social, built, and natural capital in explaining life satisfaction at the country level: Toward a National Well-Being Index (NWI). Ecological Economics, 58(1): 119–133.

Victor P A. 2011. Growth, degrowth and climate change: A scenario analysis. Ecological Economics 2012, 84(6): 206–212

Victor P A. 2012. Growth, degrowth and climate change: A scenario analysis. Ecological Economics, 84(0): 206–212.

Victor P. 2010. Questioning economic growth. Nature, 468(7322): 370–371.

Vincent J R, Ali R M, Tan C, Yahaya J, Rahim K, Ghee L, Sivalingam G. 1997. Environment and development in a resource-rich economy: Malaysia under the new economic policy. London: Harvard University.

Wagner M, van Phu N, Azomahou T, Wehrmeyer W. 2002. The relationship between the environmental and economic performance of firms: an empirical analysis of the European paper industry. Corporate Social Responsibility & Environmental Management, 9(3): 133–146.

Wagner M. 2001. A review of empirical studies concerning the relationship between environmental and economic performance: What does the evidence tell us? Center for Sustainability Management.

Wagner M. 2005. How to reconcile environmental and economic performance to improve corporate sustainability: corporate environmental strategies in the European paper industry. Journal of Environmental Management, 76(2): 105–118.

Wahba H. 2008. Exploring the Moderating Effect of Financial Performance on the Relationship between Corporate Environmental Responsibility and Institutional Investors: Some Egyptian Evidence. Corporate Social Responsibility and Environmental Management, 15(6): 361–371.

Walley N, Whitehead B. 1994. It's not easy being green. Harvard Business Review, 72(3): 46–52.

Wang H W, He X L, Ma J H. 2011. The analysis of the energy efficiency and its influence factors in TianJin. Energy Procedia, 5: 1671–1675.

Wang K, Wei Y M. 2014. China's regional industrial energy efficiency and carbon emissions abatement costs. Applied Energy, 130(0): 617–631.

Wang K, Yu S, Zhang W. 2013. China's regional energy and environmental efficiency: A DEA window analysis based dynamic evaluation. Mathematical and Computer Modelling, 58(5–6): 1117–1127.

WCED. 1987. Our Common Future. Oxford: Oxford University Press.

Wei Y M, Liao H, Fan Y. 2007. An empirical analysis of energy efficiency in China's iron and steel sector. Energy, 32(12): 2262–2270.

Winter-Nelson A. 1995. Natural resources, national income, and economic growth in Africa. World Development, 23(9): 1507–1519.

Wysokińska Z. 2003. Competitiveness and its relationships with productivity and sustainable development. Fibres & Textiles in Eastern Europe, 11(3): 11–14.

Zhao X L, Yang R, Ma Q. 2014. China's total factor energy efficiency of provincial industrial sectors. Energy, 65(0): 52–61.

Yuan J H, Kang J G, Zhao C H, Hu Z G. 2008. Energy consumption and economic growth: Evidence from China at both aggregated and disaggregated levels. Energy Economics, 30(6): 3077–3094.

Zeng S X, Meng X H, Zeng R C, Tam C M, Tam V W Y, Jin T. 2011. How environmental management driving forces affect environmental and economic performance of SMEs: a study in the Northern China district. Journal of Cleaner Production, 19(13): 1426–

1437.

Zhang C, Liu H, Bressers H T A, Buchanan K S. 2011. Productivity growth and environmental regulations - accounting for undesirable outputs: Analysis of China's thirty provincial regions using the Malmquist–Luenberger index. Ecological Economics, 70(12): 2369–2379.

Zhang M, Huang X J. 2012. Effects of industrial restructuring on carbon reduction: An analysis of Jiangsu Province, China. Energy, 44(1): 515–526.

Zhang X P, Cheng X M, Yuan J H, Gao X J. 2011. Total-factor energy efficiency in developing countries. Energy Policy, 39(2): 644–650.

Zhao X, Ma C, Hong D. 2010. Why did China's energy intensity increase during 1998–2006: Decomposition and policy analysis. Energy Policy, 38(3): 1379–1388.

Zhou G, Chung W, Zhang X. 2013. A study of carbon dioxide emissions performance of China's transport sector. Energy, 50: 302–314.

Zolåotas X E. 1981. Economic Growth and Declining Social Welfare. New York: New York University Press.

后　记

本书是在我的博士论文《环境福利导向的生产率及其在经济发展评价中的应用》的基础上修改完成的。

回首近 4 年的博士生活，虽然有些艰辛但却也非常充实，一路走来得到了很多人的帮助和关爱；本书的顺利出版也离不开很多人的帮助与支持。

最要感谢的是攻读博士学位期间的两位导师。从博士论文的选题、立题及修改，到本书的结构框架、出版，导师戴昌钧都给予了悉心的指导和帮助；公派至英国普利茅斯大学期间，导师 Sanzidur Rahman 教授在文献综述的撰写及研究方法的选取上都给予了细致的帮助和指导。毕业工作后，两位导师也时刻关心着我的学术研究，他们的关心使得我在学术研究的道路上不敢有丝毫的懈怠。

远离父母一个人在上海，并没有令我感到陌生与孤单，导师和师母像父母一样包容着我的任性，关怀着我生活学习中的点点滴滴；师兄师姐们像兄弟姐妹一样关心和帮助我的生活与工作；与博士同学的交流和讨论使我能够及时发现自己的不足，并进行及时改进，不断进步。

虽然我的研究还不很成熟，但十分有幸，科学出版社愿意将其付梓出版，为此非常感谢戴昌钧老师的奔走牵线。

特别感谢本书的责任编辑王丽平以及其他工作人员，他们非常认真地通读了本书并提出了许多有建设性的修改意见，使得本书增色不少。

博士论文的写作受到上海市科委软科学博士生学位论文项目 (12S108071) 的资助，也要感谢上海市教委和上海师范大学旅游学院。本书的出版受到 "上海市教委高校青年教师培养资助计划" 和上海师范大学旅游学院人才队伍建设工程的支持。

最后我要特别感谢我的父母，他们竭尽所能为我提供优越的条件和无微不至的关爱，让我能够在没有任何后顾之忧的条件下安心地追求自己的梦想；也要感谢我的姐姐和姐夫，没有他们的支持和包容，我不可能走到今天！在今后的人生道路上，希望我们都能取得更大的进步与成绩。

孙燕燕

2016 年 6 月 30 日